UN PRÉCURSEUR

SENANCOUR

AVEC DES DOCUMENTS INÉDITS

AVEC UN PORTRAIT

PAR

Jules LEVALLOIS

> Quand nous croyons être la vérité
> tout le génie, elle trouve place en nous
> précisément dans la solitude de notre
> âme.
>
> L'exercice de la pensée est ce même
> temps où s'exerce le travail.
>
> MAINE DE BIRAN.

PARIS

HONORÉ CHAMPION, LIBRAIRE
9, QUAI VOLTAIRE, 9

1897

SENANCOUR

Sénancour

UN PRÉCURSEUR

SENANCOUR

AVEC DES DOCUMENTS INÉDITS

PAR

Jules LEVALLOIS

> Quand nous creusons dans la vérité pour la pénétrer, elle creuse aussi en nous pour entrer dans la substance de notre âme.
>
> L'exercice de la pensée est en même temps un exercice de moralité.
>
> MAINE DE BIRAN.

PARIS

HONORÉ CHAMPION, LIBRAIRE

9, QUAI VOLTAIRE, 9

—

1897

A MADAME

JULES LEVALLOIS

A MA VAILLANTE ET CONSTANTE COLLABORATRICE

DANS LA VIE ET DANS L'ÉTUDE

CE LIVRE

EST TRÈS AFFECTUEUSEMENT DÉDIÉ

Mars 1897.

INTRODUCTION

Il y a quelques mois, au printemps de 1896, un
jeune écrivain finlandais, M. Alvar Tornüdd, a fait,
à Helsingfors, une conférence très écoutée, vivement
applaudie, sur la vie et l'œuvre de Senancour.
M. Tornüdd est un grand admirateur du philosophe
français. Non seulement il l'a lu avec une scrupuleuse attention, mais il n'a rien négligé pour s'éclairer sur les moindres particularités d'une existence
presque clandestine à force d'être modeste. Dans ses
voyages en Suisse, en France, il a voulu connaître
les principales localités où s'était fixé successive-
ment l'auteur d'*Oberman*. Possesseur de manuscrits
précieux, il a su remonter aux sources familiales, et
interroger des témoins bien informés. Sachant que,
depuis de longues années, je m'occupe du même sujet que lui, M. Tornüdd m'est venu trouver ; nous
avons pu faire échange de nos renseignements et de
nos impressions.

Le consciencieux et zélé biographe ne me cachait
pas son étonnement que le nom de Senancour, si
connu en Finlande, en Suède, en Norwège, parût
oublié et en quelque sorte dédaigné dans son pays

natal. Et ce qu'il me disait pour les contrées du Nord, je pouvais le lui apprendre également pour l'Angleterre et les États-Unis d'Amérique. La note laudative donnée par Mathew Arnold retentit encore de temps à autre dans les revues anglaises, dans les journaux de New-York et de Boston. Chez nous, ce même nom, signalé, glorifié, dans la première partie du siècle, par Charles Nodier, Sainte-Beuve, George Sand, Michelet, n'éveille plus qu'un vague souvenir. On parle peu de Senancour, et quand on en parle, c'est avec tant d'incompétence et de légèreté, que le silence vaudrait mieux. Certes, je n'avais pas besoin qu'une intervention étrangère, si amicale fût-elle, me fît remarquer cette regrettable, cette douloureuse lacune. Du jour où l'œuvre de Senancour m'est devenue familière, où il m'a été permis de pénétrer dans quelques-uns des replis de son existence, j'ai souffert de cette injustice, j'en ai désiré la réparation, j'y ai travaillé dans la mesure de mes forces et malgré la difficulté des circonstances.

« Tout succès doit s'expliquer, » a dit Voltaire, ce qui n'équivaut pas à se justifier. De même tout insuccès ou du moins toute éclipse de réputation, tout arrêt ou tout recul dans une influence. Je me suis donc trouvé amené à chercher pourquoi à l'étranger l'autorité de Senancour se maintient et même s'accroît, et pourquoi parmi nous elle s'efface, tend à disparaître.

Une première réponse est à faire et très simple, c'est que les étrangers connaissent dans son entier l'œuvre de Senancour, tandis que nous autres Français nous en sommes encore et toujours à *Oberman*. J'ajouterai, puisque mon ouvrage est destiné à en donner la démonstration, à *Oberman*, mal compris. Comment ai-je réussi à me délivrer de cette fausse interprétation? Par quelle série de lectures, de méditations et de relations suis-je parvenu à me mettre en rapport avec la pensée du philosophe, avec ses intentions souvent voilées, toujours d'une discrétion excessive? Pourquoi, enfin, ai-je conçu ce livre et comment ai-je pu l'écrire?

C'est au collège, à la veille de la rhétorique, que j'appris par les *Portraits contemporains*, de Sainte-Beuve, l'existence de Senancour. Dans les éditions qui ont suivi, l'illustre critique, mis en possession de papiers intimes, a donné beaucoup de détails et de pièces justificatives. Mais la biographie première, toute simple et nue qu'elle fût, suffisait à éveiller mon imagination. Je m'enquis d'*Oberman*. Quelqu'un d'obligeant se rencontra pour me le prêter. Je le lus avec une véritable avidité, pendant une convalescence qui me retint plusieurs semaines chez ma mère. J'ai toujours traité mes maladies par la lecture et m'en suis bien trouvé. L'impression que me fit *Oberman* fut très vive, mais point du tout dans le sens du désespoir. On n'y est guère sujet à vingt ans; d'ailleurs la mélancolie n'a jamais été mon fait. Je goûtai dans ce livre comme une âpre senteur de nature, comme le souffle vivifiant de la forêt et de la montagne. Mes amis me grondèrent fort de cette mauvaise lecture, et je n'y pensai plus.

A trois ou quatre ans de là, je découvris chez un
de mes camarades, établi libraire quai des Grands-
Augustins, *les Libres méditations d'un solitaire* et
l'Amour selon les lois primordiales. Dès lors, je
compris qu'en dehors et au delà du Senancour obermanesque, il y avait tout un penseur, tout un écrivain à connaître, à juger. J'étais, à cette époque,
pour les bouquinistes du quai, un assidu client. Je
dévalisai leurs boîtes des Senancour qu'elle pouvait
contenir, et j'eus, moyennant un bon marché fabu-
leux, les *Rêveries*, les *Traditions morales*, divers
précis d'histoire et quelques brochures fort curieuses ;
tout cela sans aucune arrière-pensée d'écriture possible, et simplement en vue de mon plaisir.

Ce fut en même temps pour mon édification. Je
me rendis compte très nettement que les romantiques
s'étaient abusés aussi bien sur le sens d'*Oberman*
que sur la place qu'il doit tenir dans l'œuvre de l'é-
crivain. Ils avaient pris un accident, une crise et,
comme on dirait aujourd'hui, un état d'âme passa-
ger pour un témoignage définitif et absolu. *Ober-*
man résume une période antérieure, mais en la résu-
mant, il la ferme et prépare la voie à des dispositions
morales toutes différentes. Il me sembla aussi que
des esprits sincèrement religieux et ordinairement
plus libres de préventions se trompaient en voyant
dans le très indépendant écrivain un voltairien de
la vieille école. Ces amis passionnés et un peu im-
prudents du christianisme confondaient trop la religion avec les prescriptions de telle ou telle Église.
Le caractère profondément religieux des *Troisièmes*

Rêveries et des *Libres Méditations* leur échappait complètement. Ils ne pouvaient concevoir que l'on combattît certains dogmes et que l'on conservât invariablement l'esprit intérieur de piété.

Mon orientation s'achevait peu à peu. Confuse au premier aspect, contradictoire en ses apparences, l'œuvre se dessinait désormais devant moi avec une parfaite clarté. J'en sentais la valeur, mais j'en gardais le profit sans songer à en faire bénéficier les autres.

Les choses en seraient sans doute restées là, et mes notes de lecture, mes analyses d'ouvrages dormiraient encore au fond d'un tiroir, à côté d'autres documents qui, probablement, ne seront jamais mis en œuvre, si le hasard ne m'avait fait rencontrer chez mon ami Buchet de Cublize un vieil original, bon homme au demeurant et très complaisant, le docteur Wanner. La famille Wanner avait été liée avec celle de Senancour, et celui-ci avait bien voulu servir en quelque sorte de correspondant au futur docteur achevant son noviciat à Paris. Wanner m'apprit que les enfants de Senancour existaient encore. M. de Senancour fils, ancien capitaine dans l'infanterie de marine et dans la garde municipale, vivait à Paris, très retiré. Employé longtemps aux colonies, il avait peu connu son père et ne possédait, en fait de documents, qu'une curieuse collection de volumes dont le philosophe s'était servi pour écrire une *Histoire de la Chine* très abrégée.

Il n'en était pas de même de Mlle Eulalie de Senan-

cour, que son camarade d'enfance s'obstinait, je ne
sais pourquoi, à nommer Virginie. C'était une forte
tête. Non seulement elle avait longtemps servi de secrétaire à son père, mais elle écrivait pour son propre
compte des romans, tels que *Pauline de Sombreuse,
Bertrand ou la Conquétomanie*, inoffensive satire
contre Napoléon, des fictions assez gaies, avec une
pointe de rationalisme qui en corrigeait le ton léger,
sans toutefois déceler en rien la fille d'Oberman.
Mlle Eulalie possédait tous les papiers de son père et
même plusieurs manuscrits d'une haute importance.
Voyant à quel point m'intéressaient les renseignements qu'il venait de me donner, le docteur s'offrit
de très bonne grâce à me servir d'introducteur auprès de Mlle de Senancour. Fidèle au souvenir du
grand solitaire, elle habitait ce Fontainebleau qu'il a
tant aimé, à deux pas de la forêt qui lui doit en partie sa célébrité. C'est là que, muni d'une lettre de
recommandation, j'allai la trouver, après avoir toutefois passé par Crosne, où demeurait le docteur Wanner, qui me fit admirer sa galerie de tableaux, laquelle ne contenait, selon lui, que des Rembrandt,
des Titien et des Raphaël, innocente manie de collectionneur.

Ma curiosité passionnée sur tout ce qui se rapportait à l'auteur d'*Oberman* toucha profondément
Mlle de Senancour. Elle mit à ma disposition les renseignements dont elle pouvait disposer, et ce qui
était encore plus précieux pour moi, elle entra dans
un certain nombre de détails sur la vie privée, les
habitudes, le caractère du penseur qu'elle n'avait

jamais quitté et dont elle avait été la collaboratrice
par son infatigable dévouement. Ce fut elle qui, dans
une de nos causeries, me proposa d'écrire un livre
pour lequel elle me fournirait des documents que sa
mauvaise vue l'empêchait absolument de consulter
et de mettre en œuvre. L'écriture de Senancour est,
en effet, très difficile à lire, et c'est toujours une
fatigue de la déchiffrer. Sa fille, qui se plaignait d'a-
voir perdu les yeux à ce travail, écrivait elle-même
d'une manière indéchiffrable.

Je viens de relire, non sans tristesse, les longues
lettres où elle m'entretenait de l'ouvrage qu'elle ne
pouvait faire et qu'elle aurait voulu me voir entreprendre. Je ne songeais pas alors à une monogra-
phie étendue, comme celle que je me suis décidé
plus tard à composer. Il me semblait que le meilleur
parti à prendre était non pas de réimprimer com-
plétement les œuvres de Senancour, ce à quoi nul
éditeur n'aurait consenti, mais d'y faire un choix de
pensées, classées dans un ordre logique et présentant
un véritable miroir de son esprit. L'inconvénient (et
il subsiste toujours), c'est que de ces pensées, il y en
a trop, qu'un volume les contiendrait difficilement
et que deux peut-être effraieraient le lecteur. D'autre part, comment présenter un tel recueil au public
sans une notice qui soit pour lui une initiation, et
cette notice, si on la fait trop longue, elle devient un
ouvrage, si on l'étrangle en quelques pages, elle demeure comme non avenue. La correspondance que
j'ai sous les yeux me rappelle toutes les démarches
faites à cette époque chez les éditeurs, les vaines ten-

tatives d'arrangement, les offres dérisoires, les déceptions qui, finalement, firent tout échouer. Je dois dire cependant que ni l'obligeance de Mlle de Senancour ni ma bonne volonté ne furent entièrement perdues. Grâce à ses indications et à mon acquisition personnelle, je pus parler assez fréquemment de Senancour dans *la Libre conscience*, à *l'Opinion nationale*, dans *les Mémoires d'une forêt*, et enfin dans un mémoire lu en 1888, devant l'Académie des Sciences morales et politiques, sous ce titre : *Une évolution philosophique au commencement du XIXe siècle*.

Pourquoi donc, malgré tant d'obstacles, à travers tant d'occupations et de préoccupations, retenu et entravé par des conseillers qui m'engageaient à délaisser un « sujet ingrat, » voyant les années se succéder et devant moi se dérober le but, ai-je voulu poursuivre quand même et achever ce travail ? — S'agissait-il simplement d'une réhabilitation littéraire, d'un de ces appels à la postérité dont celle-ci, en règle générale, ne tient pas grand compte? Il n'y avait vraiment pas lieu de prendre un pareil souci. Le destin de Senancour littérateur n'a rien de particulièrement intéressant, ni d'assez inquiétant pour qu'on se mette à son égard en frais d'apologie. Tous ceux qui suivent avec attention et avec une pleine liberté d'esprit l'histoire littéraire savent combien les réputations le mieux établies, les œuvres le plus acclamées subissent de fluctuations, passant peu à peu de la lumière à l'ombre, pour revenir, après un cer-

tain nombre d'années, en plein éclat et en grande
faveur. L'écrivain, préconisé par Sainte-Beuve et
George Sand, peut attendre patiemment un retour
de vogue, et il est inutile de faire la mouche du co-
che pour hâter ce moment.

S'agissait-il de montrer aux étrangers que nous
aussi, sous le prosateur éloquent, sous l'admirable
peintre de la Nature, nous savons reconnaître le moraliste et lui rendre justice ? Le motif eût été certes
assez légitime, mais n'eût-ce pas été pousser trop loin
la susceptibilité patriotique, et n'avions-nous point
quelque raison de penser qu'un nom respecté en
Amérique comme en Europe s'imposerait tôt ou
tard à notre indifférence ?

Je n'ai pas vu de si loin, et ce n'est pas de là que je
suis parti. J'ai pris mon inspiration et puisé mon
opiniâtreté dans mon expérience personnelle. Il m'a
paru que de l'œuvre de Senancour considérée dans
son ensemble et surtout dans son esprit, indépendamment de tel ou tel ouvrage, une influence bienfaisante se dégageait. Chez d'autres personnes je
rencontrais la même impression [1]. Pourquoi ne pas

[1] Parmi les personnes qui, s'intéressant à Senancour, ont porté
aussi quelque intérêt à cette étude et m'ont encouragé à la termi-
ner, je dois citer, avec une gratitude toute particulière, M. Arthur
Boisseau (de l'Opéra et de la Société des Concerts). Très probablement, avec M. Tornüdd et moi et depuis la mort de l'excellent
Ferdinand Denis, M. Boisseau est le *senancouriste* le plus au courant, le mieux renseigné en ce qui touche la vie et l'œuvre du
moraliste. Il a mis une patience infinie et déployé une rare sagacité
de bibliophile à poursuivre pendant des années la recherche d'éditions réputées introuvables et dont l'existence même était révoquée
en doute. La plus précieuse découverte en ce sens fut certainement
celle des *Secondes Rêveries*, datées de 1809, tirées sans doute à peu

généraliser ce sentiment individuel? Pourquoi ne pas ajouter à la liste des moralistes français un nom de plus, l'un de ceux qui méritent confiance et autorité?

Que fallait-il pour cela? Écarter résolument les malentendus qui pèsent sur le philosophe. Montrer qu'il fut réellement religieux et non, comme quel-

d'exemplaires. Cette édition passait pour beaucoup comme non avenue. Elle était cependant de la plus grande importance, et c'est grâce à la communication qui m'en fut faite par l'heureux chercheur que je pus rectifier quelques-unes des assertions contenues dans mon *Mémoire*, lu à l'Académie des Sciences morales en 1888. En plusieurs circonstances et sur ces questions, si délicates, d'une bibliographie toute spéciale, j'ai dû recourir à son inaltérable obligeance. M. Boisseau n'est pas seulement un lecteur curieux et un fin lettré, il connaît aussi à fond son art et le pratique avec distinction. Dans les moments de loisir que lui laissent ses occupations, il a composé plusieurs morceaux d'inégale étendue, mais toujours d'accent original, et notamment une symphonie d'*Obermann*. Espérons que nous aurons le plaisir de l'entendre bientôt et que cet hommage rendu par un artiste penseur au modeste philosophe contribuera dans le public à raviver son souvenir.

Félix Pécaut, l'éminent théiste chrétien, et Alfred Dumesnil, le jardinier philosophe, après avoir pris connaissance de mon *Mémoire*, m'exhortèrent à développer ma pensée et à compléter ma démonstration. Dans une lettre datée de Clarens (22 août 1888), l'auteur de la *Loi nouvelle* et de l'*Immortalité* me disait :

« Je ne saurais trop vous remercier, pour ma part, d'avoir si bien mis en lumière l'évolution d'une si libre intelligence qui n'a été qu'un approfondissement moral. Je vous devrai d'avoir connu ces paroles définitives : « Notre vie sur la terre n'est qu'un laborieux mouvement d'espérance » et cette définition : « La religion est la morale dans l'infini. »

« Comment Senancour est-il arrivé à ces bonheurs de pensée et d'expression? Vous l'expliquez parfaitement : il était dans sa nature de ne guère croire que ce qu'il avait trouvé lui-même.

« Bien des fois je me suis répété, à part moi, les mêmes paroles, absorbé que je suis à collaborer autant que je puis et toujours plus passionnément avec la Force « qui pénètre et modifie toutes choses. »

ques-uns l'ont prétendu, incrédule ou sceptique; prouver qu'il ne fut ni un désespéré pour son propre compte, ni pour les autres un apôtre et un prophète du désespoir; enfin préciser en quoi il fut et il restera un moraliste, d'après quels principes et sur quelles conceptions il se guidait.

Le présent volume se propose de satisfaire à ces diverses exigences. C'est à la fois une biographie, un commentaire et, pour tout dire, une préparation. Je ne perds pas de vue le projet que nous agitions, Mˡˡᵉ de Senancour et moi, dans nos conversations à Fontainebleau. C'est sous la forme de *Pensées* que Senancour doit prendre place définitivement dans notre littérature morale. Mais il importe auparavant de faire sentir la nécessité d'un semblable recueil. J'ai tâché d'en donner l'idée et le désir dans ce livre en procédant par larges analyses, en n'épargnant pas les citations. Pour quiconque me lira jusqu'au bout toute équivoque aura disparu.

Le point délicat qu'il convient d'élucider, c'est ce qu'on a nommé l'irréligion de Senancour. Il faut pour cela remonter à ses débuts mêmes et se rappeler quel était vers 1800 l'état du monde moral. Quoique des idéologues, très distingués d'ailleurs, comme Destutt de Tracy, Volney, Garat, Cabanis, tinssent encore le haut du pavé, il y avait un courant de réaction contre la philosophie excessive du xviiiᵉ siècle. Le spiritualisme de Royer-Collard n'entrait pas déjà dans la lutte, mais le déisme de Bernardin de Saint-Pierre, la théosophie de Saint-Martin, *le philosophe inconnu*, le mysticisme poétique de Ballanche

créaient un courant religieux qui devait trouver ses
interprètes les plus autorisés en Chateaubriand; plus
tard, en de Maistre et en de Bonald. Nul n'a mieux
démêlé que Senancour ce qu'il y avait d'artificiel, de
mondain, de voulu et même d'officiel dans ce dernier
mouvement. Le christianisme lui apparut chez Bonald comme une forme de l'arbitraire, chez Chateaubriand comme une parade profane, qui frisait presque le sacrilège; de là le pli auquel s'arrêta sa pensée,
l'attitude irréconciliable qu'il conserva jusqu'à sa
dernière heure.

Plus le sentiment religieux s'accentua chez lui,
plus se marqua aussi et se manifesta son antipathie
contre le christianisme. Une religiosité vague d'abord
et facile à confondre avec le panthéisme, puis un
sentiment profond, trempé et retrempé dans la dure
expérience de la vie : avec les années, une intuition
immortaliste et déiste, qui chaque jour se précisera
davantage, en dernier lieu une piété tendre, doucement mélancolique et cependant virile ; voilà toute
une religion, très suffisante, à ce qu'il me semble,
pour nombre d'esprits cultivés, impartiaux et dans
laquelle il n'entre pas une parcelle de christianisme.

Cette séparation va-t-elle jusqu'à l'hostilité? On a
pu le croire, à cause du procès dirigé en 1828 contre
le *Résumé des traditions morales*, procès devenu fameux depuis que Sainte-Beuve, dans un discours au
Sénat, défendant la liberté de conscience, en a évoqué
le souvenir. Pourtant, si l'on y regarde de près, le
Résumé ne paraît pas si coupable. C'est une simple
et brève histoire de la sagesse antique, où la part est

faite — une part rigoureusement humaine, il est
vrai — à la sagesse hébraïque, personnifiée dans ses
plus illustres représentants, Moïse et Jésus. L'auteur
se propose de montrer qu'il y a eu des hommes religieux avant le christianisme et qu'il peut encore y
en avoir en dehors de l'orthodoxie. C'est une distinction qui a son importance, mais qui n'accuse pas une
opposition formelle.

Cette opposition est bien plus visible dans le livre
de l'*Amour*. Là le philosophe, revendiquant tous les
droits de la Nature, se heurte justement aux prescriptions ecclésiastiques et théologiques, plus encore que
religieuses. Le christianisme lui apparaît sous la
forme très respectable mais peu aimable de jansé-
nisme, et il s'exagère des sévérités que la prudence
de l'Église a fort adoucies. Toutefois ce n'est pas encore, à proprement parler, un ouvrage de polémique,
c'est œuvre de tendances différentes, non de combat.
On y pourra faire une riche moisson de pages superbes sur le devoir, la passion, le mariage, l'a-
mitié.

On trouvera dans mon volume plusieurs chapitres
sur *Oberman*, qui en déterminent la signification et
ramènent ce prétendu poème du désespoir à sa juste
mesure, l'inquiète et douloureuse recherche du vrai.
Loin d'être un désespéré, Senancour fait entrer l'espérance comme un élément nécessaire dans l'économie de sa vie et de sa religion.

« Ne plus espérer désormais, écrit-il dans les
Troisièmes Rêveries, ne plus désirer, ce serait tra-

vailler à se détruire soi-même, en renonçant à ce que notre persévérance était peut-être destinée à conquérir.... Ne demandons pas de n'avoir plus rien à entreprendre ou rien à éviter. Faibles agents d'une raison seule puissante, les hommes justes comprennent que leur nature est de combattre à jamais ; ils béniront leur partage s'ils reçoivent assez de lumières pour discerner ce que doit être leur œuvre, et assez de force pour l'accomplir. Une marche laborieuse, mais soutenue par une pleine conviction, dans les voies du perfectionnement, dans les voies de l'espérance, voilà le repos d'une âme généreuse, ou la vie meilleure dont elle implore le bienfait. »

La philosophie de Senancour ne constitue pas un système. Il réclame quelque part, dans *Oberman*, je crois, le droit de se contredire. Reconnaissons qu'il en a usé modérément. Quelle que soit l'apparente différence entre les *Premières Rêveries* et les *Troisièmes*, entre *Oberman* et les *Libres Méditations*, un principe commun leur sert de lien, un principe, non, mais une idée autour de laquelle toutes les autres viennent se grouper : l'idée de l'éternité.

Il y a bien des manières de comprendre l'éternité, bien des manières surtout d'en tirer profit et d'en faire application [1]. Bossuet a dit magnifiquement :

[1] La conception de l'éternité des êtres devrait toujours se trouver plus ou moins liée à la notion de personnalité persistante. Il n'en est pas tout à fait ainsi chez Senancour. Ses idées sur le Moi, tout en se développant et s'affirmant, n'ont jamais reçu leur forme définitive. De même, chose curieuse ! la notion du Moi, énergiquement posée par Maine de Biran, n'a pas conduit celui-ci à concevoir

« On ne possède que ce qu'on a pour l'éternité; le
reste échappe et se perd. » Ces paroles auraient pu
servir de devise aux écrits de Senancour. Il a la passion de l'immuable, du fixe, du permanent. Dans
sa jeunesse, il en a été accablé, longtemps il est resté
courbé sous la grandeur de cette écrasante vision.
Dans sa maturité, il a essayé de s'émanciper; sa personnalité a commencé à se dessiner; l'éternité l'a
moins troublé parce qu'il tendait à se croire lui-même
éternel; la vieillesse venue, l'éternité pour lui a

l'éternité des êtres. On ne peut pas dire de lui qu'il eût peur de la
métaphysique; mais, d'une part, il craignait de verser dans la
théorie de la matière éternelle, si chère aux sensualistes du
xviiiᵉ siècle; et, d'autre part, il était arrêté par l'idée de création
que les tendances chrétiennes de son esprit l'inclinaient à respecter.
Son *Moi* manque donc d'extension comme le *Moi* de Senancour
manque de consistance.

Le grand problème de l'individu moral reste encore intact, à l'heure
qu'il est. Dans un récent ouvrage intitulé : *le Moi éternel*, un écrivain, très soigneusement informé des dernières recherches philosophiques, J. Laurence, s'est appliqué à démontrer l'étroit rapport
qui existe entre la notion de l'individu indéfectible et celle d'une
force spontanée. On pourrait toutefois faire observer à l'ingénieux
philosophe qu'entre le phénomène de l'individuation et le fait de la
personnalité, il y aurait probablement lieu d'établir une distinction
ou de déterminer la nature du lien mystérieux. Entre aucun être
il n'y a parité ou identité. Donc chaque être a sa force propre. C'est
ce que l'Antiquité avec les atomes d'Épicure, et le xviiᵉ siècle avec
les monades de Leibniz, avaient entrevu. Reste à prouver que
chaque être, distingué par le fait, se distingue aussi par la conscience de ce fait. Il n'y a aucune molécule qui ne soit un *moi*; il y
en a une multitude qui ne peuvent pas dire *moi*. Réservons aux
forces qui peuvent s'affirmer par le langage l'attribut de la personnalité, et concédons simplement aux autres le fait de l'individuation.
C'est ce dont J. Laurence pourra se convaincre en atteignant, dans
un prochain ouvrage, par delà l'étude des phénomènes, la notion
métaphysique de l'être. Sans ontologie point de philosophie. C'est
une vérité que ne doit pas méconnaître un écrivain d'une si honorable probité intellectuelle.

changé de face : ce n'a plus été la lourde atmosphère
de plomb, pesant de tout son poids sur une individualité isolée; ce n'a plus été le brouillard irritant
que l'homme mûr s'acharnait à percer et à déchirer;
l'air est devenu plus léger, plus respirable ; une
lueur a pénétré le brouillard et l'a coloré; l'éternité
n'est plus l'opaque ni l'illusoire; elle s'est vivifiée et
résumée dans l'idée de Dieu. Les témoignages déistes
abondent dans les derniers écrits de Senancour. On
n'a que l'embarras du choix. Voici un passage bien
significatif :

« Une source lumineuse vivifie sans cesse la matière inactive ou indifférente, et artistement rebelle.
Plus de manifestation, plus d'intelligence, si le principe de lumière, si l'ordonnateur suprême n'était pas.
S'il n'était pas, les sensations, les perceptions, la
réflexion ne pourraient être, nous ne serions point.
On ne suppose pas, on n'apprend pas l'existence du
pouvoir perpétuel et irrésistible. On le voit puisqu'on
existe : cette vue n'échappe qu'à l'enfance, parce que
son œil n'est pas ouvert, ou peut-être à la vieillesse,
quand sa paupière est appesantie. »

Ce qui est très particulier et très curieux chez Senancour, c'est le procédé successif de sa pensée, cette
continue et lente élaboration que nous rencontrons
presque au même degré chez Maine de Biran, avec
lequel notre philosophe (qu'il n'a pas connu et qui ne
l'a pas connu) offre tant d'analogie :

« Il faut, dit M. de Biran, que les vérités s'incor-
porent à nous et nous pénètrent longtemps, comme
la teinture s'imbibe peu à peu dans la laine qu'on

veut teindre. Il y a une pénétration lente de chaque jour, une *intus-susception* de la vérité, qui doit nous conduire dans toute la vie, qui fait que cette vérité devient à notre âme ce que la lumière du soleil est à nos yeux, qu'elle éclaire sans qu'ils la cherchent [1].

La métaphysique, la logique sont familières avec cette idée d'éternité. Il ne semble pas qu'il en doive être de même de la morale. C'est ici que se manifeste la conception originale du moraliste religieux. Il laissera de côté les raisonnements subtils et la dialectique transcendante, il prendra sa base dans l'être même :

« Il faut douter ; il faut se garder de dire aux autres, d'une manière affirmative, ce qu'on ne peut savoir soi-même. Il en sera autrement lorsque nous nous attacherons à la seule science humaine, à la morale.... On ne peut rien distinguer dans l'essence des êtres, mais on pourra se faire quelque idée juste des relations qui doivent exister entre les hommes. C'est là que nous rencontrons une lumière disposée pour nos organes ; c'est là qu'il nous est donné, du moins en partie, de découvrir, de raisonner, de prononcer. »

Entre les hommes n'est pas assez dire et rend imparfaitement l'idée du penseur. C'est entre les êtres qu'il faut entendre, et alors se révèle la beauté de cette définition magistrale : « La religion est la morale dans l'Infini. » Il ne s'agit plus d'individus pé-

---

[1] MAINE DE BIRAN, *Sa vie et ses pensées* (Librairie académique). Ce volume est précédé d'une très intéressante Notice, due à l'un des meilleurs esprits de ce temps, M. Ernest Naville.

rissables, de rapports précaires et passagers. La morale s'établit entre des êtres dont les relations participeront de l'éternité. La vie présente, fugitive et bornée, s'illumine d'une splendeur indéfectible et universelle. La morale s'absorbe dans la religion. Elle ne fait plus qu'un avec elle, et s'y transfigure.

Tels sont les titres de Senancour ; telles les conceptions qui honorent son intelligence et recommandent sa mémoire. Après les années écoulées, il se retrouve en communication avec les hommes de notre temps par son inquiétude religieuse, exempte de toute dogmatique, indépendante de toute théologie, et aussi par sa probité philosophique, qui ne veut pas d'un acquiescement sans liberté ni d'une croyance sans lumière. Senancour est un ancêtre, un précurseur et, par ses côtés durables, par son action efficace, un contemporain.

Paris, mars 1897.

SENANCOUR

CHAPITRE PREMIER

Débuts littéraires et philosophiques de Senancour. —
Rêveries sur la nature primitive de l'homme (1799).

Vers la fin de 1805, quelques jours après la bataille
d'Austerlitz, paraissait un livre intitulé : *De l'Amour
considéré dans les lois réelles et dans les formes sociales de l'union des sexes.* Ce livre, qui se produisait, à
ce qu'il semble, au milieu de circonstances assez peu
favorables, fit pourtant un certain bruit et causa même
du scandale. Il y eut, en 1808, une deuxième édition;
le nom de l'auteur, P.... [1] de Senancour, commençait
à se répandre. Deux ouvrages de lui, les *Rêveries sur
la nature primitive de l'homme*, en 1799, et *Oberman*,
en 1804, avaient passé presque complètement ina-
perçus.

Sur la personne de l'écrivain, on ne savait rien. A

[1] Pivert, son père, contrôleur des rentes, avait titre de conseiller
du roi.

trente-cinq ans [1], il se trouvait dans cette situation
particulière de n'avoir été ni révolutionnaire, ni militaire, ni fonctionnaire. Le 14 août 1789, à la suite de
démêlés de famille, dont la cause est restée obscure,
et auxquels plusieurs biographes ont attaché trop
d'importance, Senancour avait accompagné sa mère en
Suisse. Un an après, il se mariait à Fribourg, avec une
demoiselle de Daguet, alliée à la famille des marquis de
Jouffroy. Pendant la Révolution, il ne cessa d'aller et
venir entre la Suisse et la France, pour veiller à la con-
servation d'une fortune que les événements réduisirent
à très peu de chose. Arrêté tantôt comme soupçonné
d'être prêtre réfractaire, tantôt comme accusé d'émi-
gration, plusieurs fois en danger de mort, il échappa
toujours, grâce à son sang-froid et à une sincérité qui
n'était pas sans quelque adresse. Un jour, à la fron-
tière, on lui demanda s'il avait sur lui des valeurs
monnayées. « Fouillez-moi, » dit-il, sans vouloir répondre ni oui ni non. On le laissa passer ; il était
porteur d'une assez grosse somme qui aurait causé sa
perte. Une autre fois, des gendarmes l'avaient enfermé
provisoirement dans la salle d'une petite mairie de
village. Ils y retrouvèrent leur prisonnier en train
d'étudier attentivement une carte de France fixée au
mur. « Le pauvre homme est trop bête pour être coupable, » se dirent ces honnêtes gendarmes. Et ils lui
rendirent la liberté.

Même vie errante après la Terreur. En 1797, il reçoit
l'hospitalité à Villemétrie, près de Senlis, chez un de
ses amis, l'ancien garde du corps De Sautray ; il y
écrit les *Rêveries*. En 1801, il commence *Oberman* à
Paris, dans un appartement donnant sur la place Beau-

---

[1] Il était né en 1770, à Paris.

vau; en 1803, il le termine dans une localité près de Fribourg, Agis.

Ces diverses particularités étaient inconnues des contemporains lorsque parut l'*Amour* en 1805. On n'avait pas alors pour les biographies intimes le goût effréné qui règne aujourd'hui. Pour que l'on fût au courant de la vie privée d'un auteur, il fallait que celui-ci fût un excentrique ou que ses ouvrages eussent violemment excité la curiosité des lecteurs. Or, ce n'était point le cas de Senancour, modeste par raison, clandestin par nature, et qui n'arrivait au succès littéraire que par un demi-scandale, après des échecs répétés et douloureux. Pourquoi ces échecs? Il importe d'autant plus de le chercher que les *Rêveries* ont servi longtemps d'assises à la philosophie de Senancour et que sa célébrité définitive se fonde sur *Oberman*.

Au cours de cette vie errante, tourmentée, quelquefois précaire, avec le goût de la solitude qui devint et resta chez lui une passion, surtout avec une humeur indépendante, qui ne se prêtait à aucune discipline et n'entrait dans aucun cadre, Senancour n'avait point formé de liaisons avec les gens de lettres de son époque. Il n'appartenait à aucun groupe, à aucune coterie, ne se rattachait à aucune nuance déterminée de l'opinion, grande cause de faiblesse, sérieux obstacle à la notoriété, qui se prolongea, comme nous le verrons, jusqu'aux premières années de la Restauration. On ne lui voit point de compagnons. Pareillement, on ne lui connaît pas de maîtres. Ni la pension d'Ermenonville ni le collège de La Marche ne comptent. Une démarche tentée à vingt ans, auprès de Bernardin de Saint-Pierre, fut froidement accueillie et n'aboutit pas.

Quant à des inspirateurs, Senancour en eut certaine-

ment, mais avec eux il en usa de la plus libre façon,
rejetant telle doctrine, modifiant telle autre, procédant
du xviiie siècle par certains côtés, et, sous quelques
rapports, inaugurant le xixe. Les historiens littéraires
et les critiques, quand ils ont daigné s'occuper de lui,
l'ont rangé parmi les disciples de Rousseau. Cela n'est
vrai qu'en partie. Dans les *Rêveries* et déjà moins dans
Oberman, il relève du premier Rousseau, de celui qui
a écrit les *Discours* contre les sciences et sur l'inégalité,
mais il n'accepte ni le déisme du *Vicaire savoyard*, ni
son spiritualisme mitigé, ni les formules démocrati-
ques autoritaires du *Contrat social*. Par son épicurisme austère, il remonte à Lucrèce, sans dédaigner
Helvétius. Son hostilité contre les sacerdoces lui vient
de Bayle, de Fréret, principalement de Boulanger. Les
livres, en somme, ont eu peu de pouvoir sur ce méditatif qui refrappait tout à son coin, cherchait le nouveau à outrance, ambitionnait de créer en philosophie
et préparait, à vingt-cinq ans, un vaste ouvrage : *la
Raison des choses humaines*, dont il a passé sa vie à
nous donner les fragments.

Les *Rêveries* ne devaient former, dans l'intention de
l'auteur, qu'une introduction à son maître-livre. Il s'y
posait nettement en adversaire du progrès, de la civilisation, n'en apercevant et n'en signalant que les mauvais côtés, rompant en visière avec l'école optimiste de
Condorcet, laissant à Bernardin de Saint-Pierre la meilleure part de l'héritage de Jean-Jacques, les harmo-
nies naturelles, l'immortalité de l'âme, la croyance en
Dieu, et se cantonnant avec une force de concentra-
tion incroyable, avec une rare et parfois une admirable
énergie d'expression, dans la célèbre théorie du « retour à la nature. »

D'où vient le malaise social ? Pourquoi l'humanité

va-t-elle flottant de plus en plus entre la langueur et la fureur, les convulsions et l'atonie ? De ce que l'homme a désiré plus que ne permet sa nature, de ce qu'il a visé plus haut que son intelligence ne le comporte. L'humanité s'est dépravée en exagérant la recherche de la puissance, de la richesse, de la jouissance ; elle s'est égarée en poursuivant dans le monde intellectuel des certitudes impossibles et des félicités chimériques. Voilà le mal. Où trouver le remède ? Il n'y en a qu'un et d'emploi héroïque ; Rousseau l'a indiqué sans y insister, sans le considérer probablement comme très efficace. Senancour, au contraire, s'y confie. Il le veut absolu, complet, sans aucune des atténuations ou des perspectives ménagées par Jean-Jacques :

Revenir en arrière. Tout d'abord, jeter au fond de l'abîme « l'amour du gigantesque, et l'habitude des passions ostensibles, et l'orgueil des vertus austères, et la manie des abstractions, et la vanité de l'intellectuel, et la crédulité pour l'invisible, et le préjugé universel de la perfectibilité. Lire avec impartialité dans le grand livre des désastres du monde. Écarter les fatigantes puérilités des études, des négociations et des arts, les prestiges de la gloire, l'apathie de la servitude, dédaigner l'opinion si facile aux novateurs, si puissante sur la foule prévenue, et les spectres célestes, et le rêve d'un autre monde.... »

A l'humanité ainsi allégée, d'aucuns diraient appauvrie, le jeune philosophe offre, en échange des faux biens sacrifiés, la plus satisfaisante des compensations, le bonheur. Remarquons dès à présent que Senancour donne et donnera toujours pour but à sa recherche, quelles qu'en soient les vicissitudes, le bonheur individuel et social. En cela, il est bien de son siècle, et son

siècle lui-même se rapprochait de l'Antiquité. En effet,
le problème par excellence de la philosophie antique
est la poursuite et la réalisation du souverain bien, tandis que la philosophie contemporaine incline de plus en
plus à chercher le vrai quand même, indépendamment
de ses conséquences dernières, fussent-elles le néant
ou le souverain mal.

La recette indiquée par l'auteur des *Rêveries* pour
atteindre au bonheur est simple. Il suffit de vouloir
dans la mesure de son pouvoir, ni en deçà ni au delà,
et à la condition de savoir ce que l'on veut. La félicité
consistera donc dans une vie circonscrite. « C'est en
limitant son être qu'on le possède tout entier ; l'extension n'est que misère et dépendance. On souffre, on
s'épuise au loin ; l'on ne jouit, l'on ne vit véritablement
qu'au centre. » Réduire le champ de la sensation pour
la rendre plus forte et plus agréable, pour mieux savou-
rer la fugitive existence : tel est le point capital.

« L'art de jouir est le seul art de l'être qui sent et
modifie son existence. Tout commande le plaisir.…
Homme d'un jour, placé par l'éternelle nécessité sous
la loi de la douleur et du plaisir, ta seule fin morale est
le bonheur, et ton seul devoir le moyen convenu pour
le bonheur de tous. Ton existence tout entière est
dans cette alternative, jouir ou souffrir.… Jouis, il n'est
pas d'autre sagesse ; fais jouir, il n'est pas d'autre
vertu ; mais jouis avec choix, avec réserve ; sans cette
prudence, il n'est pas de félicité réelle. »

L'épicurisme ici nettement avoué s'allie parfaitement
avec le sentiment de la solidarité, de la charité. On a
reproché aux *Rêveries* et à *Oberman* de prêcher l'*orbitas*,
la séparation, l'isolement absolu. Chez des esprits vul-
gaires, la doctrine épicurienne entraîne quelquefois
cette conséquence. Il n'en est rien chez Senancour.

Écoutez-le plutôt, continuant de s'adresser à l'homme de la nature :

« Partage tes plaisirs; le méchant veut jouir seul, mais le méchant ne sait point jouir. La jouissance consume elle-même sa mobile illusion.... Souffrant, confie tes peines si tu ne veux le désespoir; jouissant, communique tes joies, si tu veux en connaître d'indicibles. Dans l'enthousiasme de la volupté comme sous le poids du malheur, toujours entraîné, faible et dépendant, ô homme, appuie-toi sur ton frère. La nature vous unit dans la conformité de vos sensations, elle vous protège l'un par l'autre.... Elle vous disait à tous : aime, console, jouis et fais jouir; jouis dans toi-même et dans tout ce qui ressemble à toi. Elles passeront, les lois atroces et les superstitions sanguinaires; ils passeront, les stériles efforts des vertus austères et les écarts effrénés, plaisirs de la servitude; mais la loi primitive ne périra jamais. »

Ces dernières lignes visent le côté répressif des anciennes et surtout des nouvelles théories religieuses. L'une des principales objections de Senancour contre le christianisme, c'est la tendance de cette religion à ne considérer la vie que comme une vallée de larmes, à la rendre plus triste encore en y multipliant les mortifications, les pénitences, les jeûnes, à gâter jusqu'à l'avenir en l'assombrissant des tourments de l'Enfer. Les diverses citations répandues dans ses ouvrages nous montrent qu'il avait été initié aux doctrines chrétiennes par la lecture d'écrivains jansénistes. Ce n'était pas un moyen de se familiariser, ou du moins de s'apprivoiser avec elles. Du reste, il ne fait point meilleure mine au Paradis qu'à l'Enfer. Ce qui le blesse dans la conception religieuse, c'est l'aspiration même plutôt que telle ou telle forme particulière, l'aspiration vers l'au delà, la vie future, la perpétuité de l'être, une puissance souveraine. Il blâme, il déplore cette vaine extension vers des domaines inconnus, probablement chimériques.

« Nos besoins réels, et dès lors nos besoins sentis étaient bornés ; c'est en les étendant imprudemment dans l'indéfini, qu'on a fait naître cette attente illimitée que maintenant l'on affecte de donner pour preuve d'une domination supérieure à la vie terrestre. D'où viendrait à l'habitant de la terre le besoin de ce que la terre ne contient point, et à des organes éphémères des conceptions éternelles ? »

La rigoureuse précision de cette nuance d'athéisme est très curieuse. Il importe doublement de la noter. En premier lieu, elle distingue Senancour de la foule des athées qui, justement vers cette époque, de 1795 à 1802, tenaient le haut du pavé dans le monde des lettres, de la philosophie, et que Jules Simon nous a si bien fait connaître dans son livre, *Une Académie sous le Directoire*. Ces athées-là continuaient contre toute religion l'implacable campagne des encyclopédistes. Senancour n'adresse au fond qu'un reproche au sentiment religieux, c'est de constituer une aspiration trop indéfinie pour un être forcément limité et nécessairement limitable. D'où il suit que le jour où se modifiera son opinion sur la valeur de l'âme humaine, sa conviction philosophique se modifiera aussi.

Un athéisme sans polémique offrait peu d'attrait à des générations qui applaudissaient, non seulement aux continuateurs de Voltaire et de Diderot, mais aux fanatiques de La Mettrie, de d'Holbach, de Raynal. Il aurait fallu qu'au moins, puisque la philosophie fermait le ciel, il ouvrît en ce monde une ère de promission et d'espérance. Ainsi l'avaient entendu les matérialistes de la fin du xviiiᵉ siècle et de la Révolution, les Morelly, les Babeuf, les Chaumette. En ce qui a trait à l'émancipation sociale, les *Rêveries* sont d'une indécision qui touche à la faiblesse; la politique en demeure nuageuse, obscure. Il ne pouvait en être autrement. La France et, avec elle, le monde étaient lancés depuis plus d'un demi-siècle dans un mouvement en avant que 1789 avait accéléré jusqu'au vertige et à l'héroïsme. On avait eu de l'extraordinaire, on attendait du prodigieux. L'inconnu seul, l'*excelsior* seul était possible. L'auteur des *Rêveries* arrivait tout juste pour jeter de la glace sur cette ébullition. A des hommes enivrés d'espérances, exaltés par des luttes souvent victorieuses, pressentant la richesse, la domination, la gloire, il venait indiquer ce qu'il nomme lui-même « une route de rétrogradation. » Quoi d'étonnant à ce que nul ne l'ait suivi, à ce qu'un très petit nombre l'ait écouté?

Tel lui apparaît le type de l'homme primitif, atteignant par un minimum de besoins à la sécurité et à l'intensité des jouissances, tel il aime aussi à se figurer le type du peuple primitif, se désintéressant des questions de gain, renonçant à l'âpre concurrence, évitant les agglomérations nombreuses, se fractionnant en petites peuplades autonomes ou fédérées, préférant au bruit et au luxe des cités le calme réparateur, le charme fortifiant de la vie agreste. « La liberté sociale, écrit-il, est impossible aux grandes sociétés. » Évidemment, dans cette organisation élémentaire, presque rudimentaire, qu'il rêve, l'égalité se ferait sa place. Il a sur cette égalité des paroles très fortes, celles-ci, par exemple : « La différence des conditions est si grande que, dans cet état factice, il y a plus de distance entre le sort des individus d'une même espèce que la nature n'en avait mis entre les habitudes et la vie des espèces

diverses. » Un peu auparavant, il avait dit : « La cité
n'est qu'une association précaire et monstrueuse dès
que chacun de ses membres n'en partage pas les droits
comme les charges. »

Mais cette égalité, comment s'établira-t-elle? et par
qui? Par les riches? Senancour ne les estime guère. Il
les traite aussi durement que l'ont fait certains sermonnaires chrétiens : « Heureux de l'ordre social qu'une
fortune destructive consume de ses funestes faveurs!.....
Ridicules et misérables divinités d'œuvre humaine, etc. »
Il ira plus loin, les signalant en quelque sorte comme
un péril social : « Nous vantons l'opulence, toujours
ostensible, et nous taisons la misère, que tant de causes
cachent et dissimulent. Jamais peuple eut-il des individus très riches sans avoir d'innombrables malheureux? » La richesse lui inspire donc peu de sympathie
et de confiance, mais il ne croit guère davantage au
peuple. Si on lui confie le pouvoir, « sera-t-il à l'abri
des séductions, quand tous les moyens de séduction
sont préparés pour l'éblouir, quand ses besoins et ses
misères les autorisent tous et les légitiment ? » Admet-
tons que la classe populaire parvienne à s'élever un
moment, « elle se lassera bientôt elle-même des caprices
et des inepties de son autorité dans un ordre de choses
étranger à ses besoins, et qu'elle ne connaissait que
par d'envieux désirs. »

Tout gouvernement démocratique ou démagogique
tombera directement ou indirectement, sciemment ou
insciemment et, quelles que soient les garanties appa-
rentes, sous la domination de l'aristocratie.

« Où est la cité dont les lois ne soient pas l'ouvrage
d'une très faible minorité? L'assemblée d'un peuple
n'est souvent composée que du dixième de sa popula-
tion, et c'est la majorité de ce dixième qui exprime le

consentement unanime de la nation. Il en est bien autrement encore quand cette prétendue majorité, ne pouvant agir directement, n'exerce sa puissance législative que par ses représentants, dont l'élection même concentre encore de près de moitié ce que l'on appelle la volonté générale. »

J'expose en ce moment et ne commente pas. Il y aura lieu plus tard de caractériser les idées politiques de Senancour [1]. Ce qui importe, c'est de montrer en quoi celles de ces idées que l'on trouve énoncées dans les *Rêveries* différaient des opinions ou des tendances contemporaines et en quoi, par conséquent, elles étaient vouées à l'insuccès. Il m'est impossible cependant de n'en point constater en passant ce qu'on pourrait appeler la valeur intrinsèque. Ce ne sont pas seulement les inconvénients du gouvernement populaire qui sont entrevus, mais ceux aussi du régime représentatif, de l'organisme parlementaire. A quatre-vingt-dix ans de distance, nous tâtonnons encore sur ces questions et nos plus hardies solutions ne dépassent pas celles du rêveur de 1799. La faiblesse du penseur n'était que dans le mode d'action qu'il envisageait et qu'il proposait. A chacune des crises graves qu'elle traverse, il semble être dit à l'humanité : Invente ou péris ; avance ou disparais. Senancour venait lui dire : Recule, reviens sur tes pas ; et cette race primitive vers laquelle sa pensée se reportait si complaisamment, il n'en pouvait ni découvrir ni ranimer les vestiges. Il a été le premier à reconnaître, non pas son erreur, mais la cause des difficultés qu'il rencontrait.

« Rien n'est plus difficile à l'homme et ne lui répugne davantage que de rétrograder ; et cela seul explique

---

[1] Voir au chapitre VII.

comment le système de la perfectibilité a gagné tous les politiques et asservi toute la terre.... Regardons en arrière; si le but est passé, s'il est déjà loin de nous, nous obstinerons-nous à avancer encore vers ce terme trompeur que notre imagination nous promet toujours en nous éloignant toujours au risque de nous précipiter ? Notre fatigue même ne doit-elle pas plutôt nous faire rétrograder vers le repos certain, vers ce but invariable, seul asile assuré et permanent ; et notre répugnance pour ce retour pénible, mais nécessaire, doit-elle être invincible ? »

Elle le fut à cette époque et semble devoir le demeurer toujours, en dépit des essais qui, de temps à autre, se produisent sur les divers points du monde moral. Ce qui ajoutait à l'impuissance particulière de Senancour, c'est que l'ébauche de sa doctrine métaphysique (car on ne peut qualifier plus sérieusement des vues parfois profondes, mais souvent arbitraires) concluait au fatalisme le plus rigoureux. « Tout est nécessaire : » tel est le mot initial, telle la formule finale du livre. C'en est le refrain désolant et désolé. Pareille devise, on l'avouera, convient mal à un réformateur.

La logique commandait le silence à l'auteur des *Rêveries*, même quand il eût réussi ; à plus forte raison après un insuccès. Heureusement les hommes, y compris les philosophes, sont remplis de contradictions. Malgré ses velléités de rigueur dialectique, Senancour en avait sa bonne part. L'ouvrage aussi en contenait un grand nombre. Après avoir désespéré de la vérité générale, l'écrivain se rejetait sur les vérités relatives, dont le développement lui paraissait utile. Après avoir nié le moi, il écrivait : « Le bonheur de l'être actif n'est que dans son activité. » Après avoir traité l'immortalité

de chimérique, il inclinait vers une sorte d'immortalité
facultative. Et quand je dis après, c'est simultanément
que je devrais dire. Bien des échappées s'offraient donc
à lui; bien des tentations de reprendre la plume et de
rentrer dans la mêlée.

Son esprit pouvait et devait embrasser un double
but. Il fallait élucider, préciser, pour lui comme pour
ses lecteurs, cette fameuse notion de l'homme primitif,
de ce « fils immédiat de la nature, » chez lequel les
formes accidentelles n'ont point effacé les empreintes
originaires. Mais puisqu'il fallait renoncer à le chercher
dans l'homme préhistorique, de qui, d'ailleurs, on ne
parlait pas encore, ou chez les Anciens, déjà trop civi-
lisés pour se prêter à une semblable démonstration,
pourquoi ne pas le prendre dans un sujet contemporain, que l'on placerait autant que possible dans un
milieu naturel, en le dégageant du factice de la société,
en ne conservant, pour ainsi parler, que son essence
la plus intime? Ce pouvait être le germe d'*Oberman*.

Ce n'était pas tout. Des deux grandes forces irréductibles qui animent le monde moral, il y en avait une —
la volonté spontanée — que la doctrine de la nécessité
appliquée dans les *Rêveries* réduisait à néant. « L'individu, avait écrit le philosophe, ne doit pas marcher
seul; sa volonté ne saurait l'isoler sans l'égarer; sa
force est d'être entraîné; sa destination, d'être porté
par le torrent des êtres. Jamais, quoi qu'il fasse, il ne
pourra former un tout particulier, séparé et comme
indépendant; effet nécessaire de tant de causes par
lesquelles il est cause lui-même, il ne peut sentir son
être que comme le résultat de toutes les impressions
reçues. »

La volonté réfléchie et constante, définitivement an-
nihilée, restait une autre force irréductible : la volonté

sourde, latente, inconsciente, désir, instinct et, de son
nom le plus élevé, amour. Ce monde qui s'écroulait par
la chute de la volonté, ne pouvait-on pas l'étayer sur
un nouveau et indestructible pilier, l'amour ? Auparavant, toutefois, il fallait en déterminer les lois essentielles et voir ce qu'elles étaient devenues dans leur
contact avec les conventions sociales. Le livre de
l'*Amour* devait naître de cette pensée.

Enfin, il y a une considération, secondaire peut-être
aux yeux du très sincèrement modeste Senancour, mais
qui dut agir sur lui, même à son insu, la vocation littéraire incontestable, le talent de prosateur qui s'affirme
dans les *Rêveries*. Son style n'a pas le moelleux, et,
comme dit Joubert, le voluptueux de Rousseau ; mais il
a l'accent plus viril. La douleur qui a passé par là peut
avoir attendri l'âme, mais elle ne l'a point efféminée.
Le grand paysagiste de Fontainebleau et de Suisse que
nous trouverons dans *Oberman* s'annonce déjà dans
les *Rêveries*. Il a peint avec une grande fermeté de
touche, et en les colorant de sa poétique mélancolie, les
environs assez peu pittoresques de Villemétrie et de
Senlis.

« .... Le soleil, sans nuage, éclairait d'une manière
fixe la contrée vaste et déserte. Seulement, de temps à
autre, l'on entendait dans les bruyères le bêlement de
la brebis plaintive. Le grand calme ajoutait à l'étendue
solitaire, son ciel semblait plus profond, plus illimité,
sa terre plus abandonnée.

« Plusieurs des collines lointaines, à divers points de
l'horizon, ramenaient des souvenirs douloureux et des
regrets inénarrables. J'étais agité dans ce calme général, et je l'étais seul ; nul homme ne s'y était retiré
pour y penser librement, pour y souffrir ignoré.

« Avide de pensées sublimes et d'émotions extrêmes,

mon idée, perdue dans le vague de l'essence primitive des êtres, sondait, dans sa démence, d'inexplicables et douloureuses profondeurs. Qu'en cet instant suprême, les vicissitudes humaines et la succession nécessaire et des choses et des temps me semblaient imposantes! Que cette nature en son universalité était belle à ma pensée, et la vie de l'homme misérable à mon cœur!.... »

Qui s'exprime ainsi est fait pour parler aux hommes. Il en sera tôt ou tard entendu. Le silence d'un tel écrivain eût été un malheur.

CHAPITRE II

Oberman (1804).

Dans le monde des personnages imaginaires et des types inventés, il existe deux Oberman, celui que Senancour a voulu faire dans son livre et celui que, depuis le commencement de ce siècle, ont refait ou défait des générations de lecteurs. Nous ne nous occupons en ce moment que du premier.

Oberman est-il, dans le sens rigoureux du mot, une fiction ou bien n'y doit-on voir qu'une autobiographie plus ou moins habilement voilée ? C'est ce qu'il importe de connaître et ce que j'essaierai d'éclaircir tout d'abord. J'ai, pour m'aider dans cette recherche et me fournir quelques indications précises, un document unique que la discrétion habituelle de Senancour rend d'autant plus précieux.

Le 22 janvier 1832 paraissait, dans la *Revue de Paris*, un article de Sainte-Beuve destiné sans doute à préparer le public et à le renseigner en vue d'une réimpression d'*Oberman*, qui eut lieu au mois de mai de l'année suivante. Le jeune critique ne connaissant pas encore M. de Senancour et n'ayant pas osé se présenter dans la paisible et studieuse retraite du solitaire, rue de la Cerisaie, s'était adressé à l'un des meilleurs et des plus fidèles amis du philosophe,

M. Vieilh de Boisjoslin, pour obtenir un certain nombre d'informations biographiques. Personne n'était plus qualifié pour cela que M. de Boisjoslin, auteur lui-même d'une notice sur Senancour, dans le dictionnaire biographique auquel son nom et celui d'Alphonse Rabbe sont attachés. L'article de Sainte-Beuve, fondé sur ces renseignements qu'il pouvait croire sûrs, établissait entre diverses circonstances mystérieuses ou mal connues de la vie de l'écrivain et ses productions, principalement *Oberman*, des rapports assez étroits. De l'homme il concluait aux œuvres et réciproquement.

Naturellement, un exemplaire de cet article fut adressé à M. de Senancour, qui n'en approuva pas toutes les assertions et trouva que sur plusieurs points Sainte-Beuve avait poussé ses inductions trop loin. A quatre ou cinq endroits, il écrivit donc très sommairement en marge les observations que lui suggérait cette lecture et qu'il se proposait de développer ultérieurement. Senancour n'a pas donné suite à son projet, mais je possède la livraison de la *Revue de Paris* annotée de sa main. Un intérêt particulier s'attache aux réserves qu'il formule et aux distinctions qu'il maintient.

« Si l'on a le droit de conclure d'*Oberman* à M. de Senancour, écrivait Sainte-Beuve, genre de conjecture que je crois fort légitime pour les livres de cette sorte, etc., » Senancour a mis en note « seulement un peu légitime, » et sans doute préoccupé de cette pensée, il répète plus loin « un peu. »

Le second passage est celui-ci :

« Austère, scrupuleux en morale, dépourvu d'une jeunesse entraînante, dévoré d'une sensibilité vague qu'il désespérait de fixer sur un choix enchanté, désireux avant tout de s'asseoir dans une existence indé-

pendante et rurale, M. de Senancour se laissa dire, et
se crut délicatement engagé ; on peut saisir quelques
traits de ces circonstances personnelles sous l'histoire
de Fonsalbe, au tome second d'*Oberman*. »

Note marginale : « Toutes ces analogies peuvent tromper. »

Une troisième note plus importante rectifie la phrase
suivante, que le biographe avait empruntée à *Oberman*
et de laquelle il semblait déduire des conséquences un
peu trop rigoureuses : « Une prudence étroite et pusil-
lanime dans ceux de qui le sort m'a fait dépendre a
perdu mes premières années, et je crois bien qu'elle
m'a nui pour toujours.

« Prenant son crayon à la hâte, Senancour a tracé
cette protestation très décisive en sa brièveté : « Ceci
est tiré d'O. (berman) O. (berman) et S. (enancour)
sont deux luttes différentes. »

Les autres notes, qui seront mentionnées en temps et
lieu, se rapportent soit aux *Libres méditations* (1), soit au

---

1 Au chapitre des *Fautes irréparables* dans les *Libres méditations*, nous trouvons la page suivante qu'il ne nous est pas permis
de négliger :

« Si généreuse, si constamment bonne, ô ma mère ! Avez-vous
senti que vous étiez aimée de votre fils comme vous deviez l'être ?
Je connais mes torts. Je les connaissais alors ; mais ne les croyant
pas irréparables, et attendant un autre temps, au lieu de considérer que le temps m'échappait sans retour, je les attribuais à la
force de certains obstacles que des résolutions plus fermes eussent
fait disparaître. Dans cette absence perpétuelle que je devais mieux
prévoir, êtes-vous avertie de mes regrets ? S'il vous reste un souvenir distinct des choses de la terre, m'avez-vous rejeté ? Pouvez-vous
savoir combien je désirerais de vous dire enfin : Je ne vous ai pas
assez vénérée, mais que votre fils soit maintenant à vos yeux ce
qu'il a dû être au milieu même de nos malheurs ! Des lieux inconnus où vous reposez, que ne pouvez-vous me faire entendre quelques
mots d'une bonté maternelle ! Je verrais sous un autre aspect cette
distance qui me sépare déjà de mes premières années ; je marche-
rais plus heureusement dans nos voies toujours obscures, et j'inter-

Résumé des traditions morales, soit enfin à des détails de famille. Ce dernier point touchait au vif le circonspect, le timoré qu'il y eut toujours dans Senancour. Parmi les nombreuses modifications qu'il projetait pour ses livres, et les explications qu'il y voulait joindre, je vois revenir à plusieurs reprises la préoccupation de marquer par une assertion positive, qu'entre son père et lui, les rapports n'ont pas été aussi pénibles, aussi orageux qu'on l'a prétendu.

Non seulement Senancour s'attache à détourner toute idée de rapprochement avec le personnage principal, ou, pour mieux dire, unique de son livre, mais encore, chose bizarre et sur laquelle nous ne pourrons éviter de revenir à nouveau, cet ouvrage duquel son nom devait devenir inséparable et qui, à trente ans de distance, il est vrai, allait constituer son titre le plus éclatant à la gloire, à peine écrit, à peine publié, il le prend en une antipathie, en une aversion, en un dédain que rien ne pourra désarmer, pas même le plus grand succès. Dès 1805 — *Oberman* avait paru l'année précédente, — il songe à le supprimer. Plusieurs pages, et des plus belles, sont transportées dans le livre de l'*Amour*. D'autres, en 1809, vont prendre place dans une nouvelle

rogerais d'un regard tranquille cet univers qui reste soumis à l'irrécusable justice. »

L'exil prolongé auquel il s'était condamné pour satisfaire son humeur indépendante, puis son mariage, contracté avec une soudaineté au moins singulière et qui contribua à le retenir en Suisse jusqu'après la mort de sa mère : tels sont sans doute les torts que déplore Senancour dans ce passage, et dont il s'accuse, avec une si poignante vivacité, au bout de vingt ans et plus. Il faut probablement, sur ce chapitre des torts, en rabattre beaucoup, car cette conscience délicate, indulgente envers les autres, péchait envers elle-même par une sévérité trop scrupuleuse. Cette tendance, si honorable en ce qu'elle a d'excessif, et qui atteste une limpidité parfaite, s'accrut constamment avec l'âge chez Senancour.

édition des *Rêveries*, et quelques-unes reparaîtront dans
la troisième, lorsque tardivement l'idée d'une réimpression d'*Oberman* aura prévalu. Trait caractéristique et
qu'il ne faut pas négliger, dans la notice biographique
rédigée par M. de Boisjoslin, une ligne seulement, et
entre parenthèses, est consacrée à *Oberman*. Le biographe ici désirait évidemment être agréable à l'auteur, son
ami intime. Les notes officielles communiquées à l'Académie des sciences morales et politiques, lors des can-
didatures de 1832 et de 1836, glissent rapidement sur
Oberman, tandis qu'elles insistent très fortement sur
les *Libres méditations*.

Il est difficile de pousser plus loin le désaveu indirect
d'une œuvre et de la prendre moins à son compte. Exa-
minons ce qu'il y a de légitime dans cette prétention.
Nous tâcherons ensuite d'en deviner et d'en dire le
pourquoi.

Les différences extérieures voulues sont aisées à reconnaître et à énumérer : Senancour était marié, Oberman est célibataire ; Senancour était pauvre et l'est devenu davantage ; Oberman, médiocrement riche au
début du livre, est assez favorisé par les circonstances
pour ne plus connaître les soucis d'argent et se créer à
la fin une existence très confortable. Voilà deux situations fort opposées en effet, mais ce n'est pas là, ce
n'est pas dans l'extériorité de la vie que le contraste doit
se manifester. La vraie question est de savoir si Senancour sent d'une manière et Oberman d'une autre, si la
solution à laquelle aboutit Oberman est en contradiction
ou en accord avec celle à laquelle parvient Senancour.

Le livre a été écrit de 1801 à 1803, mais, pour parler
le langage de l'auteur, il a été senti pendant les années
précédentes. Dans la préface des premières *Rêveries*, il
me serait facile de relever plus d'un passage inspiré par

ce qu'on pourrait appeler la disposition obermanesque.
Parlant en son propre nom, sans aucun voile de fiction
ni de pseudonyme, le philosophe des *Rêveries* dit :

« Une force comprimante a pesé sur moi lentement
et constamment. Des soins puérils et fatigants ont
occupé mes jours, sous le déguisement des devoirs, et
m'ont refusé d'abandonner tout à fait au sort ma vie
incertaine et précaire. Libre de tout assujettissement
direct, libre aussi du joug des passions, je n'ai pu jouir
de ma stérile indépendance. »

Parfois l'expression de son dégoût et de son abatte-
ment est plus énergique. Elle dénote un état de l'âme
exceptionnellement douloureux :

« J'ai trouvé que tout était vain, même la gloire et la
volupté, et j'ai senti que ma vie m'était inutile. Voyant
qu'elle ne contenait nul bien pour compenser ses douleurs, je l'ai seulement tolérée comme un fardeau nécessaire.... Je désirai quitter la vie, bien plus fatigué du
néant de ses biens qu'effrayé de tous ses maux. Bientôt, mieux instruit par le malheur, je le trouvai douteux lui-même, et je connus qu'il était indifférent de
vivre ou de ne vivre pas. Je me livrai donc sans choix,
sans goût, sans intérêt, au déroulement de mes
jours. »

La *Dix-huitième Rêverie* (1799) est déjà du pur *Oberman* ; j'ajouterais même du meilleur, si nous n'avions à
considérer que le talent littéraire. L'écrivain vient de
parler des parties agrestes et restées presque primi-
tives de la Suisse, il s'est étendu sur le charme de l'île
de Bienne, illustrée par le séjour de Rousseau.

« Son indicible quiétude est délicieuse à l'automne de
la vie, et encore à ces jeunes cœurs tristement mûris
par des affections prématurées, et dans qui le désen-
chantement a devancé le soir des années ; mais elle n'est

point également propre à une âme forte et simple qui,
lasse de la vanité de sa vie et seule parmi les hommes
moulés dans la forme publique, voudrait vivre quelques
heures du moins avant le néant. Les hautes vallées des
Alpes seraient sa véritable patrie ; il lui faut cette mâle
aspérité, ces formes sévères, la nature grande et
l'homme simple, la permanence des habitudes nomades
et des monts immuables ; il lui faut des hommes, tels
qu'ils étaient avant les temps nouveaux, puissants par
leurs organes et forts dans leurs sensations, enfants
dans les arts, et bornés dans leurs besoins. Il lui faut
des formes alpiennes ; le repos sauvage, et des sons
romantiques ; le mugissement des torrents fougueux,
dans la sécurité des vallées ; la paix des monts en leur
silence inexprimable, et le fracas des glaciers qui se
fondent, des rocs qui s'écroulent, et de la vaste ruine
des hivers. »

Nous avons dans ce passage l'esprit d'*Oberman* et le
cadre naturel, pittoresque en est déjà trouvé. Deux
idées fondamentales du même livre se rencontrent également dans les *Rêveries*. L'une, c'est qu'il n'y a point
de félicité sans permanence ; l'autre, que « le seul fléau
de l'âme forte est la langueur [1]. » Les lignes suivantes
ne présentent-elles pas par anticipation l'esquisse d'un
portrait d'Oberman.

« L'âme accroît sa force par l'orgueil même de sa
force ; dès qu'elle s'estime, elle peut tout ; dès qu'elle
s'affaiblit, elle ne peut plus rien ; elle pourra toujours
moins, car elle cessera de vouloir. Jusqu'au moment des
grandes épreuves, elle repose dans son propre abatte-
ment ; elle soupçonne à peine combien elle est avilie ;
elle ne se juge pas, elle s'abandonne ; elle ne saurait

[1] « La grande maladie de l'âme c'est le froid. » (Tocqueville.)

être vaincue tout à coup, elle peut être énervée lentement; elle ne meurt point, elle s'endort. »

Quiconque a lu *Oberman* en reconnaît dans ces paroles l'accent indéniable. Le mal mystérieux contre lequel luttera, avec bien des alternatives de succès et de revers, le solitaire d'Imenstrom, est déjà indiqué avec précision. Il n'y a donc plus à en douter, un certain nombre des sensations et des idées personnelles à Senancour vont se retrouver dans *Oberman*. Comment donc l'écrivain a-t-il pu les méconnaître, ou, s'il les a reconnues, comment a-t-il pu les désavouer? Ne serait-ce pas qu'il a voulu, sans y réussir suffisamment, les transformer, les porter à leur plus haute expression en s'en dégageant dans la mesure du possible et en essayant, pour adopter le langage de Kant, de leur donner une base non plus subjective, mais une valeur objective.

« Si je suis fâché d'avoir écrit *Lélia*, c'est parce que je ne peux plus l'écrire. Je suis dans une situation d'esprit qui ressemble tellement à celle que j'ai dépeinte, et que j'éprouvais en faisant ce livre, que ce me serait aujourd'hui un grand soulagement de pouvoir le recommencer. Malheureusement on ne peut pas faire deux ouvrages sur la même pensée, sans y apporter beaucoup de modifications. » Ainsi parle George Sand dans les *Lettres d'un voyageur*; ainsi aurait pu parler Senancour après les *Rêveries*. J'ai entendu exprimer le même sentiment par Sully-Prudhomme. L'âme violemment ébranlée par certaines sensations, certaines pensées, demeure longtemps comme indécise sur ce qui adviendra de cette secousse, se demandant si elle doit réagir contre une tendance tyrannique, ou bien approfondir et suivre dans le même sens.

Les *Rêveries* déclaraient une crise; elles la laissaient

ouverte sans une issue facile à prévoir; Senancour conçut alors un dessein hardi. Il s'agissait de dépouiller l'homme du temps, l'individualité plus ou moins étroite, les sentiments particuliers qu'elle pouvait comporter. Au jeune penseur de 1799, préoccupé sinon imbu des doctrines de son époque, il fallait substituer un être idéal et pourtant réel, indépendant des circonstances et pourtant capable d'en être affecté, osant beaucoup, mais sachant aussi dominer ses audaces. Cet être devait posséder les plus hautes facultés, avec le germe des plus solides qualités morales : Une sensibilité ardente, une vaste sympathie pour l'ensemble des créatures, une curiosité de savoir servie par une rare puissance de méditation, l'horreur de l'accidentel, la passion du permanent, l'immense désir de trouver un point d'appui inébranlable, fût-ce au ciel, un besoin de piété, mais un besoin plus grand encore de sincérité, tout cela se joignant au désintéressement absolu, au goût de la vie simple, obscure, agreste.

Un pareil personnage pouvait bien être qualifié de romanesque, et quoique Senancour n'ait jamais accepté pour son livre la qualification de roman, quoiqu'il n'y ait dans *Oberman* aucune affabulation un peu suivie ou un peu sérieuse, il n'en est pas moins vrai que ce qu'il y a d'extraordinaire et, au sens étymologique, de surhumain (over man) dans ce type donne à des récits familiers, à des réflexions, à des observations qui, ailleurs, ne frapperaient que modérément, une saveur d'extrême et d'ineffaçable originalité. Pour employer un mot que je n'aime guère, il y a très peu de passages *démodés* dans *Oberman*. Il y en a beaucoup moins que dans *René*, *Manfred* ou *Corinne*. Cela tient justement à ce caractère impersonnel du héros. Qui n'est d'aucun temps est de tous les temps. Aussi ce rêveur d'un

affranchissement à venir posera-t-il à la destinée, à
l'inconnu, à l'insondable de redoutables questions, qui
rappellent, avec moins d'éclat, les déchirantes interro-
gations d'un Pascal et, avec moins de hauteur, les fières,
les menaçantes indiscrétions d'un Prométhée.

Tout problème particulier étant forcément contenu
dans un problème général, il n'est pas loisible à Oberman de s'abstraire assez de lui-même pour ne point
partir d'une question personnelle. Avant de se demander à quoi sert la vie, l'homme est bien contraint de se
dire : à quoi sert ma vie ? Il en est beaucoup, sans
doute, chez lesquels cette curiosité ne s'éveille pas.
L'enchaînement des traditions, le cadre des vieilles
disciplines, le jeu quotidien des intérêts, dans son
inquiète âpreté, préviennent toute réflexion appro-
fondie, tout retour sur soi-même dans ses rapports
avec autrui. Il faut, en effet, commencer à sortir de
soi pour s'apercevoir que l'on fait partie d'un ensemble
et chercher à déterminer quelle place on y tient. A qui
vit pour soi seul et sans l'espérance d'une destinée
ultérieure, la vie peut se montrer dure ou favorable,
mais elle est très claire. Il n'en va pas de même pour
celui qui se détache assez de sa condition morale ou
sociale pour se regarder vivre, pour essayer d'estimer
la valeur de ses efforts, non seulement en ce qui touche
son bénéfice immédiat, petit ou grand, mais en ce qui a
trait à l'utilité générale, au bénéfice de tous ou, s'il y a
erreur de sa part, à leur détriment. Celui-là, plus que
le précédent, se fait évidemment de la dignité humaine
une haute idée. Il n'admet ni une activité purement
personnelle, ni une activité stérile. Mais comment
saura-t-il si elle est stérile ou non ? Comment saura-t-il
si les sons que rend son instrument sont discordants
ou harmonieux, tant qu'il ignorera quelle est la parti-

tion à laquelle il concourt, quel rôle lui est réservé dans
l'exécution, tant qu'il pourra croire que la mélodie qu'il
essaie se perd dans un charivari sauvage ou dans une
cacophonie sans nom ? La vie individuelle ne peut avoir
pour lui une signification, et par conséquent un prix,
que si la vie générale a un sens. Autrement l'existence
reste ou devient absolument machinale.

Ce tourment sacré, nul ne l'a plus éloquemment
exprimé qu'Oberman.

« On ne parle, dit-il, que de réprimer ses passions,
et d'avoir la force de faire ce qu'il faut ; mais au milieu
de tant d'impénétrabilité, montrez donc ce qu'il faut.
Pour moi, je ne le sais pas, et j'ose soupçonner que
plusieurs autres l'ignorent. Tous les sectaires ont
prétendu le dire et le montrer avec évidence ; leurs
preuves surnaturelles nous ont laissés dans un doute
plus grand. Peut-être une connaissance certaine et un
but connu ne sont-ils ni selon notre nature ni selon
nos besoins. Cependant il faut vouloir. C'est une triste
nécessité, c'est une sollicitude intolérable, d'être toujours contraint d'avoir une volonté, quand on ne sait
sur quoi la régler.... »

« Et moi aussi j'ai des moments d'oubli, de force, de
grandeur ; j'ai des besoins démesurés ; *sepulchri imme-
mor !* Mais je vois les monuments des générations
effacés ; je vois le caillou soumis à la main de l'homme,
et qui existera cent siècles après lui. J'abandonne le
soin de ce qui passe, et ces pensées du présent
déjà perdu. Je m'arrête étonné ; j'écoute ce qui subsiste encore, je voudrais entendre ce qui subsistera :
je cherche dans le mouvement de la forêt, dans
le bruit des pins, quelques-uns des accents de la langue
éternelle.

« Force vivante ! Dieu du monde ! j'admire ton

œuvre, si l'homme doit rester ; et j'en suis atterré, s'il ne reste pas. »

Voir sans comprendre, penser sans vouloir, vouloir sans agir : ces trois termes lui sont insupportables. Cependant, c'est sur ces trois écueils qu'il viendra constamment échouer. Ce que quelques-uns ont nommé son impuissance résulte de sa puissance même, mais d'une puissance qui, ne réussissant ni à s'éclairer ni à se guider, demeure inemployée, n'exerçant sa force que contre elle-même et se détruisant en agitations douloureuses :

« Je ne sais pas bien ce que je veux. Heureux celui qui ne veut que faire ses affaires ; il peut se montrer à lui-même son but. Rien de grand (je le sens profondément), rien de ce qui est possible à l'homme et sublime selon sa pensée, n'est inaccessible à ma nature : pourtant, je le sens de même, ma fin est manquée, ma vie est perdue, stérilisée ; elle est déjà frappée de mort ; son agitation est aussi vaine qu'immodérée ; elle est puissante, mais stérile, oisive et ardente au milieu du paisible et éternel travail des êtres. Je ne sais que vouloir ; il faut donc que je veuille toutes choses : car, enfin, je ne puis trouver de repos quand je suis consumé de besoins, je ne puis m'arrêter à rien dans le vide. Je voudrais être heureux ! Mais quel homme aura le droit d'exiger le bonheur sur une terre où presque tous s'épuisent tout entiers seulement à diminuer leurs misères?

« Si je n'ai point la paix du bonheur, il me faut l'activité d'une vie forte.... »

C'est tourner dans un cercle vicieux, car cette vie forte, il ne pourrait y atteindre, se la procurer que par un exercice déterminé de la volonté, et justement ce but se dérobe devant lui. La cécité morale le paralyse.

A défaut de l'action, la sensation vient encore s'offrir
à lui, comme elle l'a déjà fait dans les *Rêveries*. Elle
est loin toutefois de conserver le même pouvoir et de
s'orner du même prestige. L'épicurisme n'est pas banni
d'*Oberman*. Il ne le sera jamais entièrement de la
pensée de Senancour ; mais il ira toujours s'affinant,
s'appliquant de préférence et presque exclusivement
aux choses de l'esprit et de l'âme. Le philosophe n'en
était pas encore là quand il écrivait :

« Rien n'est possédé comme il est conçu ; rien n'est
connu comme il existe. Nous voyons les rapports et
non les essences : nous n'usons pas des choses, mais
de leurs images. Cette nature cherchée au dehors et
impénétrable dans nous est partout ténébreuse. Je
sens est le seul mot de l'homme qui ne veut que des
vérités. Et ce qui fait la certitude de mon être en est
aussi le supplice. Je sens, j'existe pour me consumer
en désirs indomptables, pour m'abreuver de la séduction d'un monde fantastique, pour rester atterré de sa
voluptueuse erreur. »

Depuis les paroles que Job prononçait sur son fumier,
je ne crois pas qu'il en ait été dit de plus désespéré-
ment amères. Oberman ici n'est plus un chétif individu
quelconque, un rêveur mécontent, un penseur incomplet (et en ce sens Senancour avait raison de ne pas
se reconnaître en lui) ; il est, comme Hamlet, une repré-
sentation symbolique de l'humanité. Rien ne lui plaît,
et rien ne lui suffit. A quoi se rattacherait-il ? Les traditions religieuses, il les écarte avec une respectueuse
ironie ; les cadres sociaux, il s'y soumet en les méprisant ; la nature, elle le trouble ou elle l'écrase. N'est-ce
pas lui qui a dit cette parole grandiose : « la paisible
harmonie des choses fut sévère à mon cœur agité. »
Il lui reste le cœur humain, le sien ; mais là aussi les

ténèbres le poursuivent, l'enveloppent, l'aveuglent. Dans une telle extrémité, une telle détresse, il n'est pas surprenant que la pensée du suicide se présente à lui. Il ne la repousse point ; il l'ajourne, la tient en réserve, sans la condamner. Cet indomptable réfractaire veut rester libre envers la mort comme envers la vie. Un coup de pistolet terminerait tout si Oberman était un personnage de roman ; mais Oberman, c'est l'homme même, chez lequel rien ne se termine et devant qui demeure indéfiniment ouvert le champ des contradictions.

CHAPITRE III

Oberman (suite et fin).

« Je n'aimerais pas à me contredire, et je tâcherai de
l'éviter ; mais je ne puis reprocher à ma faiblesse les
variations de l'incertitude. J'ai beau examiner, et mettre
à cet examen de l'impartialité et même quelque sévérité, je ne puis trouver là de véritables contradictions.

« Il pourrait y en avoir entre diverses choses que j'ai
dites, si on voulait les regarder comme des affirma-
tions positives, comme les diverses parties d'un même
système, d'un même corps de principes donnés pour
certains, liés entre eux et déduits les uns des autres.
Mais les pensées isolées, les doutes sur des choses
impénétrables peuvent varier sans être contradictoires. »

Variation ou contradiction, comme il l'entendra, ce
qu'il y a de plus clair, c'est que dans sa tristesse, sa
désespérance, Oberman s'interdit absolument d'être
systématique. Du point de vue où il s'est placé, il lui
serait impossible de ne pas se montrer pessimiste, mais
il ne connaît point ce pessimisme doctrinal et inflexible
que l'on adopte si volontiers aujourd'hui. Cette liberté
d'allures, ce refus de s'enfermer à toujours dans une
altière négation misanthropique constituent un mérite
aux yeux de quelques-uns, mais pour le plus grand

nombre sont un défaut grave. L'esprit humain aime les
thèses nettement formulées : il admet difficilement que
l'on s'arrête à la variété des points de vue et que l'on
hésite.

Cette invincible sincérité a fait surtout du tort à l'ouvrage de Senancour, considéré en tant qu'œuvre d'art.
Oberman pèche grièvement par deux côtés : il n'a pas
plus de dénouement dramatique que de conclusion philosophique, et le personnage, loin de conserver une attitude, change et se dément à chaque page. Point de
système, en effet, et point d'attitude : voilà justement ce
que l'auteur a voulu. Son livre a des faces multiples,
et, comme dirait Hugo, sa partie lumineuse en regard
de sa partie d'ombre. Sans doute, cette lumière n'est
qu'une faible aurore, tandis que cette ombre est presque
une nuit noire. L'attente dans une observation résignée
est à coup sûr moins poétique et moins passionnante,
quoique plus conforme à la réalité des choses qu'un désespoir de Titan bravant la foudre et frappé par elle.

Il semble pourtant que cette acceptation mitigée de
la destinée humaine, cette résignation à un minimum
de bonheur et de vérité ait aussi sa mélancolie, sa poésie et sa grandeur. Du moment que l'on ne s'anéantit
pas au fond d'un cloître et que l'on ne disparaît point
emporté par la tempête, continuer de vivre en se croi-
sant les bras, en se lamentant, serait puéril et misérable.
Il faut chercher des raisons de vivre, et si l'on n'en
trouve pas, il faut s'en créer. C'est ce que fera Oberman.

Il rêvera d'être utile aux autres hommes, de s'appuyer
sur l'amitié, il entreverra dans les sphères spéculatives
quelques indications consolantes, et il concevra le dessein de les approfondir. L'amour même se présente à
son cœur, et il ne l'écarte que par le plus honorable

des scrupules, se réservant d'en déterminer un jour et
d'en poser les lois.

« On croit voir que nos maux tiennent à peu de
chose, et que le bien moral est dans la main de l'homme.
On suit des conséquences théoriques qui mènent à l'i-
dée du bonheur universel; on oublie cette force qui
nous maintient dans l'état de confusion où se perd le
genre humain; on se dit : Je combattrai les erreurs, je
suivrai les résultats des principes naturels, je dirai des
choses bonnes ou qui pourront le devenir. Alors on se
croit moins inutile, moins abandonné sur la terre : on
réunit le songe des grandes choses à la paix d'une vie
obscure; on jouit de l'idéal, et on en jouit vraiment,
parce qu'on croit le rendre utile. »

Le songe des grandes choses : c'est déjà une perspective qui peut faciliter quelque accommodement avec
la vie. Mais ne faut-il pas sortir du rêve et s'approcher
délibérément de la réalité? Ce monde sur lequel on médite d'agir, il est sage, au lieu de s'en détourner, d'y
porter désormais une attention sympathique.

« La scène de la vie a de grandes beautés. Il faut se
considérer comme étant là seulement pour voir. Il faut
s'y intéresser sans illusion, sans passion, mais sans
indifférence, comme on s'intéresse aux vicissitudes, aux
passions, aux dangers d'un récit imaginaire : celui-là
est écrit avec bien de l'éloquence. »

On sent que l'observateur pacifié se prêterait sans
répugnance à devenir de spectateur acteur, ajoutant au
récit héroïque ou solennel une page particulière, non
dépourvue, elle aussi, d'éloquence et de fierté. Mais s'il
consent à se mêler aux affaires humaines, s'il laisse entrevoir qu'il y accepterait un rôle, ce ne sera point par
ce qu'on pourrait appeler une ambition sèche, mais
bien plutôt par cette sorte d'ambition philanthropique

qui peut faire sourire les gens positifs, mais n'en demeure pas moins l'une des plus honorables dispositions d'esprit du xviiie siècle.

Les crises de pessimisme d'Oberman, si profond ou si haut qu'elles aillent, ne dégénèrent jamais en misanthropie. Le solitaire chez lui à aucun moment ne se transforme en isolé. Même à ses heures les plus sombres, il reste uni de cœur avec l'humanité.

« Je n'aime, il est vrai, que la nature, mais c'est pour cela qu'en m'aimant moi-même je ne m'aime point exclusivement, et que les autres hommes sont encore, dans la nature, ce que j'en aime davantage. Un sentiment impérieux m'attache à toutes les impressions aimantes ; mon cœur plein de lui-même, de l'humanité et de l'accord primitif des êtres, n'a jamais connu de passions personnelles et irascibles. Je m'aime moi-même, mais c'est dans la nature, c'est dans l'ordre qu'elle veut, c'est en société avec l'homme qu'elle veut, c'est en société avec l'homme qu'elle fit, et d'accord avec l'universalité des choses. A la vérité, jusqu'à présent du moins, rien de ce qui existe n'a pleinement mon affection, et un vide inexprimable est la constante habitude de mon âme altérée.... »

Ce sentiment de large et intense sympathie est assez fort chez Oberman pour modérer précisément l'essor de sa pensée réformatrice et l'élan de son ambition. Il faut lire dans cet ouvrage le portrait de l' « Homme supérieur » et celui du « Sage » dans les *Rêveries*, pour se rendre compte de la haute idée que Senancour se faisait du législateur, du rénovateur, de l'apôtre. A celui-là seul il permettait de se passer, de se sevrer d'affection, mais il se hâtait de déclarer qu'un pareil sacrifice était presque en disproportion avec les forces humaines.

> J'ai marché devant tous triste et seul dans ma gloire,
> Et j'ai dit dans mon cœur : « Que vouloir à présent ? »
> Pour dormir sur un sein mon front est trop pesant,
> Ma main laisse l'effroi sur la main qu'elle touche,
> L'orage est dans ma voix, l'éclair est sur ma bouche ;
> Aussi, loin de m'aimer, voilà qu'ils tremblent tous,
> Et, quand j'ouvre les bras, on tombe à mes genoux.
> O Seigneur ! j'ai vécu puissant et solitaire,
> Laissez-moi m'endormir du sommeil de la terre ! »

Ces beaux vers que met Alfred de Vigny sur les lèvres de Moïse expriment admirablement la crainte que l'auteur d'*Oberman* aurait conçue pour son personnage idéal si celui-ci avait dû prendre forme vivante et descendre dans la foule.

« Un homme qui règle la destinée publique, qui médite et fait de grandes choses, peut ne tenir à aucun individu en particulier ; les peuples sont ses amis, et, bienfaiteur des hommes, il peut se dispenser de l'être d'un homme. Mais il me semble que, dans la vie obscure, il faut au moins chercher quelqu'un avec qui l'on ait des devoirs à remplir....

« Il est affreux de finir ses jours en disant : Nul cœur n'a été heureux par mon moyen ; nulle félicité d'homme n'a été mon ouvrage ; j'ai passé impassible et nul comme le glacier qui, dans les antres des montagnes, a résisté aux feux du midi, mais qui n'est pas descendu dans la vallée protéger de son eau le pâturage flétri sous leurs rayons brûlants. »

Oberman ne sera donc ni Moïse ni Lycurgue ; mais, d'une part, il pourra communiquer aux hommes ses pensées, s'associer à leurs recherches et à leurs efforts, et d'autre part, il sera mûr pour l'amitié, pour l'amour, pour une réconciliation avec la vie qui lui en fera souhaiter la durée et le ramènera insensiblement au désir de l'immortalité.

L'amitié, l'amour, il y est touché très délicatement, mais assez différemment, dans *Oberman*. Toute la relation avec M. de Fonsalbe est décrite d'une manière aimable, qui atteste une entente parfaite et un goût exquis du commerce intime. C'est déjà la mise en œuvre des théories qui se résumeront avec éclat dans le superbe fragment *Sur l'amitié* inséré, en 1811, au *Mercure de France*.

Quant à l'amour en tant que liaison particulière et personnelle, il est simplement indiqué comme une possibilité de sentiment entravée par une impossibilité morale ou sociale, laissée volontairement dans le vague. Oberman a aimé la sœur de son ami Fonsalbe, Mme Del^***. Les circonstances les ont séparés. Elle est devenue veuve, mais elle a pris à l'égard de la famille du mort l'engagement de ne lui point donner de successeur; après de longues années d'absence, son frère a retrouvé Oberman. Ils vivent près l'un de l'autre. Mme Del^*** vient voir Fonsalbe. Les anciens amants se rencontrent. La flamme, assoupie, mais non éteinte, se réveille. Qu'en adviendra-t-il?

« Je céderais, dit Oberman, à l'idée d'un lien imparfait, d'une affection sans but, d'un plaisir aveugle ! Ne sais-je pas les promesses qu'en devenant veuve elle a faites à sa famille ? Ainsi l'union entière se trouve interdite; ainsi la question est simple, et ne doit plus m'arrêter. Qu'y aurait-il de digne de l'homme dans l'amusement trompeur d'un stérile amour? Consacrer au seul plaisir les facultés de la vie, c'est se livrer soi-même à l'éternelle mort.... Un an, dix ans de volupté, c'est un futile amusement et une trop prompte amertume.... Au milieu du grand jeu du monde, cherchons un autre partage : c'est de nos fortes résolutions que quelque effet subsistera peut-être. — L'Homme est périssable. —

Il se peut ; mais périssons en résistant, et, si le néant nous est réservé, ne faisons pas que ce soit une justice. »

Le stoïcisme l'emporte sur l'épicurisme. On en trouve un singulier mélange en quelques-unes des pages consacrées à l'amour dans la seconde partie d'*Oberman*. Parmi ces passages, il s'en rencontre de fort beaux, celui notamment qui a trait au mariage, et qui joint à l'élévation morale un grand charme de tendresse. Mais ces pages ont été distraites de l'ouvrage où elles avaient d'abord paru, et nous les retrouverons dans le livre de l'*Amour*. L'auteur, ayant condamné *Oberman*, en avait recueilli là de magnifiques débris. Il est temps de voir la raison de cette sévérité, et, nous plaçant au point de vue de l'écrivain, d'examiner le jugement porté par lui sur ce livre comme nous en avons déterminé la conception.

Il y a des créations qui dépassent leur créateur ou qui, du moins, le déjouent. Certains types une fois conçus ne se laissent plus dominer par une pensée directrice, devenue en quelque sorte étrangère. Ils vivent de leur vie propre, se développant dans toute leur logique, s'étendant jusqu'aux extrêmes limites de l'idée qu'ils incarnent. L'auteur ou l'artiste qui les a lancés dans le monde ne les reconnaît plus. Ces nourrissons ne sont plus ses enfants. Voix, plumage, vol, tout en eux est différent.

Ainsi en est-il arrivé pour Senancour avec Oberman. La conception était essentiellement hardie, puisqu'elle plaçait ce personnage en dehors des conventions sociales et au-dessus des antiques disciplines intérieures. Il était difficile de lui prescrire des réserves, de lui assigner un point d'arrêt. Le caractère d'Oberman, c'est, il faut bien le dire, la nudité morale dans ce qu'elle a d'inquiétant comme dans ce qu'elle peut avoir de rassurant pour des esprits bien disposés et surtout bien équilibrés. Aucun arrangement, aucun déguisement; une gradation légère, et encore est-elle contestable.

J'ai parlé plus haut d'une partie de lumière et d'une partie d'ombre dans *Oberman*. L'une et l'autre y sont réellement, mais non pas, comme on pourrait le croire, opposées d'une façon symétrique, se faisant un juste contrepoids, l'espérance balançant le désespoir, la joie neutralisant le deuil. Le mélange est complet. Il y a des pages souriantes au début, réputé ordinairement la partie la plus sombre; il y en a de navrantes vers la fin, où quelques-uns placent d'une manière trop absolue le triomphe de l'apaisement. Cette ombre et cette lumière, il importe donc de les distinguer, de les grouper à part, comme nous avons essayé de le faire, mais tous n'ont pas tenté ce travail, tous n'y sont pas aptes, et d'ailleurs il est dans la nature humaine de se porter plutôt sur ce qui l'émeut douloureusement par sa hardiesse que sur ce qui la tempère par sa sagesse, surtout quand les accents de la douleur sont plus pénétrants et plus vibrants que ceux de la raison, ce qui arrive presque toujours, et ce qui est arrivé précisément dans *Oberman*. Senancour n'avait pas voulu que son héros fît un choix. Une conversion fastueuse, à la René, ne répondait guère aux possibilités du sujet, et quoique le suicide fût beaucoup plus indiqué que dans *Werther*, il impliquait un degré de résolution et de certitude qui ne concordait pas davantage.

« Et après? » disent les générations impatientes, qui ne démêlent pas ces nuances délicates et n'entrent point dans ces impartialités subtiles. — Il n'y a pas d'après dans *Oberman*. L'épreuve de la vie jusqu'au

point où il l'a conduite ne lui a pas paru suffisamment
décisive : il attend. C'est une situation et, je le répète,
ce n'est pas une attitude. Le danger, c'est de s'immo-
biliser, et le fait est que si du livre on se reporte à l'auteur, on voit bien que Werther, en la personne de M. de
Gœthe, est devenu conseiller d'État, et que René, en la
personne de Chateaubriand, a été ambassadeur et ministre. Oberman, en la personne de Senancour, n'a été
rien, pas même académicien, comme nous le verrons,
et il ne pouvait rien être.

Et après? — Qu'il advienne d'Oberman ce que le sort
voudra; qu'il s'endorme, s'apaise ou abdique; qu'il at-
tende je ne sais quoi de meilleur ou de moins imparfait,
en quoi cela nous importe-t-il? en quoi cela décharge-t-il
sa responsabilité à notre égard? Est-ce impunément que
des questions redoutables auront été posées, des
croyances séculaires implicitement ébranlées, des paroles de glace ou de feu, d'ironie ou de défi prononcées?
Le monde des esprits, ne fût-ce que celui de quelques
esprits, est-il depuis l'apparition de ce personnage le
même qu'il était auparavant? Un élément de douleur et
de doute n'a-t-il pas été introduit ou ramené dans la
sphère des sentiments moraux?

Tel a pu être dans la chaîne des générations, depuis
quatre-vingts ans et plus, le langage de maint penseur
sincère et scrupuleux. Ce langage, nous avons tout lieu
de le croire, Senancour se l'est tenu à lui-même plus
d'une fois. Semblable aventure lui est arrivée qu'à cet
apprenti sorcier, lequel savait bien dicter aux gnomes
l'œuvre de destruction, mais ne connaissait pas les mots
qui réparent ou réédifient. L'écrivain, son œuvre à
peine achevée, s'est aperçu qu'il avait fait trop et trop
peu, — trop, s'il avait cru que dans le monde moral tel
qu'il est constitué, l'extrême candeur sans atténuations

et sans voiles n'est pas, par cela seul, la suprême imprudence; trop peu, si pour retenir et pacifier les âmes, il avait compté sur de simples indications, sur des vues exprimées avec réserve, sur des fragments d'idéal qui manquaient de liens entre eux et souvent, lueurs fugitives, s'éteignaient avant d'avoir projeté toute leur clarté, donné tout leur éclat.

Peut-être n'a-t-il rien écrit de plus fort en ce sens que la page suivante sur la destination terrestre de l'homme :

« La moralité de l'homme, et son enthousiasme, l'inquiétude de ses vœux, le besoin d'extension qui lui est habituel, semblent annoncer que sa fin n'est pas dans les choses fugitives; que son action n'est pas bornée aux spectres visibles; que sa pensée a pour objet les concepts nécessaires et éternels ; que son affaire est de travailler à l'amélioration ou à la réparation du monde ; que sa destination est, en quelque sorte, d'élaborer, de subtiliser, d'organiser, de donner à la matière plus d'énergie, aux êtres plus de puissance, aux organes plus de perfection, aux germes plus de fécondité, aux rapports des choses plus de rectitude, à l'ordre plus d'empire.

« On le regarde comme l'agent de la nature, employé par elle à achever, à polir son ouvrage ; à mettre en œuvre les portions de la matière brute qui lui sont accessibles; à soumettre aux lois de l'harmonie les composés informes ; à purifier les métaux, à embellir les plantes ; à dégager ou combiner les principes ; à changer les substances grossières en substances volatiles, et la matière inerte en matière active ; à rapprocher de lui les êtres moins avancés, et à s'élever et s'avancer lui-même vers le principe universel de feu, de lumière, d'ordre, d'harmonie, d'activité. »

Cela est grand, cela est beau, cela promet ; mais sou-

dainement cela s'arrête et tourne court. L'esprit consciencieux, méticuleux même du philosophe transforme
en une hypothèse ce qu'il avait l'air de présenter tout
à l'heure comme une certitude. Il accumule les restric-
tions, exténue les couleurs, rétrécit les perspectives.
L'impression demeure indécise, et d'une indécision qui
pèse sur l'âme.

Voilà pourquoi, pendant près de trente ans, Senancour,
mécontent d'*Oberman*, l'a non pas désavoué, mais inté-
rieurement condamné. Le livre *de l'Amour* lui a paru un
premier, bien que très insuffisant, correctif. Un parti
plus héroïque consistait à supprimer la plus grande
partie d'*Oberman* et à rattacher aux *Rêveries* les quelques débris subsistants. Combinaison maladroite et
gauche dont, malgré des pages fort belles, les *troisièmes
Rêveries* n'ont gardé que trop de traces. Mais il était
dit qu'en dépit de son auteur, *Oberman* ne périrait
point, et il était écrit que durant près d'un siècle, ce
livre où l'auteur refusait de se reconnaître serait à peu
près uniquement celui par lequel il serait connu, et mal
connu. Lorsqu'il fut question, en 1833, de réimprimer
Oberman, on eut beaucoup de peine à vaincre la résistance de Senancour. Au moins voulait-il faire des retouches, des remaniements. On ne le lui permit pas, et
l'ouvrage, si longtemps entravé, prit victorieusement
son vol pour accomplir une carrière indéfinie et glo-
rieuse sur laquelle nous aurons plus tard à revenir.

CHAPITRE IV

L'Amour.

———

A la monodie d'*Oberman*, placé à titre de problème plus encore que d'exemple dans des conditions exceptionnelles d'indépendance et d'isolement, devait s'ajouter dans la pensée de l'écrivain, correctif nécessaire et parallèle, un exposé de la loi qui rattache l'homme aux autres hommes, loi morale, loi naturelle, loi des mondes : l'amour. Le livre *de l'Amour*, publié presque en même temps qu'*Oberman* (1805), a constamment préoccupé Senancour. On peut dire qu'il a été la grande affaire de sa vie. Il en a donné quatre éditions; aucune semblable, quelques-unes fort différentes. Le public sans doute lui apportait un concours assez favorable, car l'auteur n'était pas assez riche pour faire tant de remaniements à ses frais. La critique y avait peu servi, quelques louanges fades dans le style de l'*Almanach des Muses*, ou quelques observations hypocritement chastes de la presse religieuse, voilà tout ce que nous pouvons relever, et c'est bien insignifiant. Marie-Joseph Chénier ne dit rien, Joubert ignore, Mme de Staël dédaigne et passe à côté. Les romantiques, même dans leur grande ferveur *senancourienne*, parlent à peine de ce livre. George Sand, qui eût dû l'admirer, ne l'avait certes pas lu. Il faut aller jusqu'à Michelet pour trouver quelqu'un d'ému, de juste, quoique sévère encore.

Entre les diverses éditions, Michelet a fait son choix. Il recommande les deux premières, plus expressément celle de 1805. Je ne crois pas qu'il y ait lieu de se ranger à cette préférence, et j'en vais dire la raison.

La nature de Senancour, telle que nous l'avons définie dans les pages précédentes, était réfractaire au dogmatisme. Il avait des idées, des principes, des doctrines même, point de système conçu d'ensemble et se tenant d'une pièce. Ce que l'on a pu dire des *Méditations*, des *Rêveries*, il le faut répéter à plus forte raison de l'*Amour*. Les quatre éditions, malgré leurs changements de format, de distribution, d'étendue, ne forment en réalité qu'un même ouvrage. Contrairement à l'assertion de Michelet, je serais plutôt tenté de voir la véritable pensée de l'auteur dans la quatrième édition que dans les précédentes. Pour moi, sans encombrer mon texte de discussions bibliographiques [1], je procéderai comme si l'ouvrage était un, empruntant, non pas indifféremment, mais librement, mes citations tantôt à une édition, tantôt à une autre. Pour autoriser cette manière d'agir, la seule qui soit possible en cette circonstance, il me suffira de montrer l'unité de pensée sous les hésitations et les fluctuations de la forme.

Qui eût écrit un livre *de l'Amour* au milieu du xviiie siècle, avant la *Nouvelle Héloïse*, serait tombé forcément dans le libertinage, dans le Piron et le Crébillon fils. En dépit même de Rousseau et de sa très réelle influence, nous voyons cette veine se continuer jusqu'à la Révolution par Diderot, Laclos et Louvet. La séduction et les séducteurs, la légèreté avec un grain

---

[1] Voir à l'Appendice la bibliographie de Senancour et la chronologie de son œuvre.

de perfidie et une pointe de cruauté à la Stainville, à la
Lauzun, à la Besenval, voilà ce qui domine, ce qui
occupe le premier rang.

Que de cet esprit il subsistât des restes considérables dans les premières années de l'Empire, cela est
incontestable, mais un autre courant se prononçait.
Après Saint-Preux, Werther était venu, surtout René.
Le sentiment s'était relevé, et cette élévation coïncidant
avec la grande tentative de rénovation chrétienne,
avec la réaction contre le Directoire, avec la volonté du
maître, qui imposait de la tenue autour de lui, se tein-
tait fortement de pruderie et de bigotisme, c'est contre
ces deux écueils que se dresse le livre de Senancour.
La dépravation antérieure en ce qu'elle a de persistant
lui répugne; le rigorisme présent en ce qu'il a d'étroit
et d'affecté le choque, l'indigne. De ceux qui ne voient
dans l'amour qu'un plaisir et nécessairement un plaisir
égoïste, il s'éloigne avec dédain; contre ceux qui ban-
nissent de l'amour la volupté et le veulent réduire au
strict accomplissement d'un devoir social, il se cour-
rouce. Vingt-trois ans après la publication, il le dit
plus nettement, plus fortement que jamais : « Ce livre
a pour destination de combattre une légèreté qui fait
méconnaître les principes ou une austérité qui les
altère. »

En resterai-je là ? Me contenterai-je de ces affirma-
tions, justes, je l'espère, mais bien sèches et bien gra-
tuites ? Je ne le puis. Il faut qu'ici, plus encore que
dans les autres parties de ce volume, je donne la parole
à l'écrivain que j'ai pour ambition et pour devoir de
faire apprécier. Si peu connu, si méconnu, si oublié,
son ouvrage n'en conserve pas moins une importance
capitale dans l'histoire des idées et des sentiments, et
par sa valeur intrinsèque, et par la transition qu'il

marque entre deux époques. Je me restreindrai donc le plus possible au rôle de commentateur et de guide.

J'ai caractérisé la double attitude de Sénancour contre les pharisiens et les libertins. Voyons d'abord ce qu'il dit de ceux-ci :

« On a toute la candeur de la jeunesse ; on a tous les désirs de l'inexpérience, et les besoins d'une vie nouvelle, et l'espérance d'un cœur droit. On a toutes les facultés de l'amour, il faut aimer : on a les moyens du plaisir, il faut être aimé. On se figure un homme pour qui tout commence ; il est jeune et impatient de vivre ; il est plein d'espoir et beau d'inexpérience. C'est une justice de lui consacrer fraîcheur, grâce, légèreté, noblesse, expression heureuse, tout ce qu'on sait bien avoir en soi. L'on entre dans la vie ; qu'y faire sans amour ? Pourquoi l'harmonie de ces mouvements, cette décence voluptueuse, cette voix habile à tout dire, ce sourire fait pour entraîner, ce regard si propre à changer le cœur de l'homme ? Pourquoi cette délicatesse du cœur et cette sensibilité profonde ? L'âge, le désir, les convenances, l'âme, les sens, tout le veut ; c'est une nécessité. Tout exprime et demande l'amour : cette main formée pour les plus douces caresses ; cet œil dont les ressources sont inconnues s'il ne dit pas je consens à être aimée ; ce sein qui sans amour est immobile, muet, inutile, et qui se flétrirait un jour sans avoir été divinisé ; ces formes, ces contours qui changeraient sans avoir été connus, admirés, possédés ; ces sentiments si tendres, si vastes, si voluptueux et si grands, l'ambition du cœur, l'héroïsme de la passion ! Cette loi délicieuse que la loi du monde a dictée, il faut la suivre. Ce rôle enivrant, que l'on sait si bien, que tout rappelle, que le jour inspire et que la nuit commande ; quelle femme jeune, sensible, aimante, imaginera de ne le point remplir? Aussi ne l'imagine-t-on pas. Les cœurs justes sont les premiers vaincus. Plus susceptibles d'élévation, comment ne seraient-ils pas séduits par celle que l'amour donne? Ils se nourrissent d'erreur en croyant se nourrir d'estime; ils aiment un amant parce qu'ils ont aimé la vertu; ils sont trompés par des misérables, parce que ne pouvant aimer qu'un homme de bien, ils croient réellement tel celui qui se présente pour réaliser leur chimère. L'énergie de l'âme, le besoin de montrer de la confiance, celui d'en avoir; des sacrifices à récompenser, une fidélité à couronner, un espoir à entretenir, une progression à suivre; l'agitation, l'intolérable inquiétude du cœur et des sens; le désir si louable de commencer à payer tant d'amour; le désir non moins juste de resserrer, de consacrer, de perpétuer, d'*éterniser* des liens si chers; d'autres désirs encore; certaine crainte, certaine curiosité; des hasards qui l'indiquent, le destin qui le veut; tout livre une femme aimante dans les bras du Lovelace. Elle aime, il s'amuse : elle se donne, il s'amuse : elle jouit, il s'amuse : elle rêve la durée, le bonheur, le long charme d'un amour mutuel; elle est dans les songes célestes; elle voit cet œil que le plaisir subjugue, elle voudrait donner une félicité plus grande; mais le monstre s'amuse, et elle dévore une volupté terrible. Le lendemain elle est surprise, inquiète, rêveuse : de sombres pressentiments commencent les peines affreuses et une vie d'amertume. Estime des hommes, tendresse paternelle, douce conscience, fierté d'une âme pure; paix, fortune, honneur, espérance, amour, tout a passé. Les belles heures ont péri; les souvenirs mêmes en seront amers. Il ne s'agit plus de s'avancer dans les illusions, dans l'amour et la vie; il faut repousser les songes et user de longs

jours fatigués des lenteurs de la mort. Femmes sincères et aimantes, belles de toutes les grâces extérieures et des charmes de l'âme, si faites pour être
purement, tendrement, constamment aimées !.... N'aimez pas. »

On ne dira point que l'auteur pousse au libertinage,
qu'il ouvre les voies au don juanisme; mais s'il est
l'ennemi de la séduction et surtout des séducteurs, ce
n'est pas pour condamner le plaisir qu'une sagesse
maladroite ou de vains scrupules religieux voudraient
écarter de l'amour. Il prend résolument la doctrine
chrétienne à partie.

« Le christianisme, au lieu d'effectuer la réforme des
mœurs, n'a fait qu'en annoncer la dangereuse prétention. Après beaucoup de licence, une pureté si grande
et si vaine, inconsidérément exigée, produisit quelque
dévouement réel et beaucoup plus d'hypocrisie. Interdire à l'homme toute faiblesse, et pourtant ne rien
faire, ou presque rien pour former des hommes capables de suivre sincèrement une règle sévère, c'est
retarder de plusieurs siècles l'amélioration morale.
Perfection et servitude, c'étaient deux choses absolument incompatibles : on voulut les réunir, il n'en ré-
sulta que fanatisme et corruption.

« L'austérité ne produit rien : c'est un esprit destruc-
teur.... »

Nous verrons plus loin ce qu'il pense de la chasteté,
tout au moins de la pudeur dans les relations entre les
sexes. Auparavant, il nous faut dégager son double
idéal, j'entends par là le portrait qu'il se trace de la
femme « vraiment aimable, » et l'idée qu'il se fait de
l'amour en tant que puissance irrésistible et primor-
diale.

« Une femme vraiment aimable est comme une harmonie parfaite pour les affections de l'homme. Ce n'est pas une Diane à la taille svelte, au front élevé, courageuse, légère, forte, inaccessible : mais Vénus-Adonias, taille moyenne, formes arrondies, mouvements voluptueux, physionomie de grâces et de délicatesse. La main ne sera point assez forte pour n'avoir pas besoin d'être aidée, d'être servie. Le bras aura les proportions favorables aux caresses. Le sein donnera tout ce que l'imagination la plus heureuse eût réservé pour le charme des belles heures de la vie ; il est ce que l'homme n'eût jamais imaginé, ce que la nature infinie a seule pu faire ; doux accord de simplicité et de beauté ! assez voluptueux pour l'excès du plaisir, encore assez beau quand le plaisir n'est plus ; assez expressif dans l'agitation, pour les désirs extrêmes ; assez pur dans la nudité, pour les désirs reposés ; circulaire, pyramidal, tout vivant d'amour et de fécondité, il justifie le besoin d'aimer, il permet un espoir, un espoir sans bornes et des sentiments sublimes. Mais le regard ! et le sourire ! et la voix ! O femme que j'eusse aimée ! Après tant d'années, quand les douleurs vous ont atteinte, quand le temps a pesé sur nous, quand le regret inutile et la longue impatience ont consumé la vie de l'amour, votre voix, votre bouche a encore ce charme qu'on ne retrouve point. Mortel misérable, l'espoir et la vie sont comme deux ombres envoyées pour errer ensemble ; elles s'approcheront, s'éloigneront, se retrouveront ; et l'une restera quand l'autre sera dissipée. »

On ne dira pas que la passion fait défaut en ce passage. Les modes d'expression peuvent changer ; l'accent ne s'imite ni ne s'emprunte. Diane et Vénus ont un peu vieilli, j'en conviens ; encore n'aurait-il pas fallu dire cela de trop près à Leconte de Lisle ou aux autres païens modernes, qui se sont contentés de les transformer en *Artemis* et en *Aphrodite*. Ce qui reste vivant dans la belle page que je viens de transcrire, c'est le sentiment de la beauté féminine accomplie et passionnante. Puisque nous en sommes sur la mythologie, je dirai que ce n'est point là une *Iris* en l'air, mais une personne très bien en chair, capable d'inspirer et de ressentir l'amour. Et de l'amour lui-même, voyons en quels termes magnifiques Senancour caractérise sa puissance.

« Enthousiasme du beau! harmonie des sentiments et de la pensée, progression vive, lente, continue, avide, indomptée, conduite par les fantômes de l'avenir, et dont le terme reste inconnu dans les possibles; difficultés des désirs qu'on veut annoncer et de ceux qu'on désavoue, efforts que l'on retarde, résistance qui va cesser, mystérieuse incertitude qui séduit et retient, qui éloigne pour embellir, et refuse longtemps pour longtemps promettre. Que de puissances dans l'amour! Il change un plaisir terrestre et périssable en joies voluptueuses, égales, immenses; il dissipe les douleurs de l'homme et répare sa vie; il rétablit dans ses destinées déchues une candeur primitive, et semble lui apporter des souvenirs d'un monde heureux; il plane dans l'infini, entre nos misères et nos désirs, soutenant encore près des régions célestes les douces images de la vie; le désespoir est reculé, le vide des choses est couvert; c'est un voile sur le néant. »

Ce dernier mot est de toute beauté, bien qu'il soit empreint d'un pessimisme dont Senancour, plus tard, désavouera l'excès. Son livre est ainsi rempli de paroles superbes, qu'un Chateaubriand ou un Joseph de Maistre aurait trouvé moyen de mettre en relief. Cette pointe de savoir-faire (je ne dis pas de charlatanisme), si souvent nécessaire à la fortune du talent et même à celle du génie, manque totalement à l'auteur de l'*Amour*. Il découvre des diamants, il sait même les polir, mais il ne sait point les enchâsser — encore moins les mettre à l'étalage.

Ne restons pourtant pas avec lui sur cette impression de néant, qui dépasse évidemment sa pensée. Il croit à l'amour, à sa réalité, à son efficacité ; il a besoin d'y croire et veut que l'on y croie autour de lui. En plein Empire, dans un style mâle et qui n'a rien de l'églogue, il pose nettement l'antithèse de l'ambition et de l'amour en décernant à ce dernier la suprématie.

« L'amour doit gouverner la terre ; l'ambition la fatigue. L'amour est ce feu paisible et fécond, cette chaleur des cieux qui anime et renouvelle, qui fait naître et fleurir, qui donne les couleurs, la grâce, l'espérance et la vie. L'ambition est ce feu stérile qui brûle sous les glaces et consume sans rien animer, qui creuse d'immenses cavernes, qui chemine sourdement, qui éclate en ouvrant des abîmes, et laisse un siècle de désolation sur la contrée qu'étonna cette lumière d'une heure. »

Si cette page était tombée sous les yeux de l'Empereur, il aurait certainement rangé Senancour parmi les mauvais esprits et les idéologues. D'autres passages n'auraient pas été non plus pour plaire au soutien de la morale traditionnelle, au restaurateur du christianisme officiel. Nous en verrons plus loin la preuve. En ce moment, absorbé par la guerre d'Espagne (1), Napoléon avait autre chose à faire que d'éplucher le livre d'un méditatif et de s'en irriter.

Rendons-nous bien compte d'ailleurs que si Senancour sacrifiait l'ambition à l'amour, c'est qu'il se formait de celui-ci, comme puissance sociale et même

---

1 Ce passage est tiré de la deuxième édition, 1808-1809.

politique, une idée plus haute qu'il n'a su l'exprimer dans son livre. Très évidemment sa première conception avait été d'écrire un ouvrage qui aurait participé de Montesquieu par l'étendue des prémisses, de Spinoza par la rigueur géométrique des déductions, et enfin de Lucrèce par la largeur et l'énergie des peintures. Ce livre *de l'Amour*, qui a eu plusieurs sous-titres, aurait pu en porter un de plus et s'appeler *De l'esprit des sentiments*, quelque chose comme un *Esprit des lois* transposé. Cette prétention à l'exactitude dogmatique se marque au commencement des premières éditions; dans les dernières, elle se fond avec l'ensemble. Sans répéter des formules abstraites, quelques lignes prises çà et là nous aideront à comprendre la haute visée de l'auteur.

« Toute morale n'est que justesse. Tout est mesure mathématique. Cette expression de Platon était bonne, *l'éternel Géomètre*. Pythagore alla plus loin, lorsqu'il dit : Nos vices et nos crimes sont des erreurs de calcul. Tout le bonheur de la vie individuelle consiste dans l'harmonie des ressorts, dans l'équité de l'âme et la justesse du raisonnement. Toute la perfection du corps social consiste dans la proportion exacte entre les sacrifices que chacun fait comme individu, et l'avantage qu'il reçoit en compensation comme membre de la cité.

« S'il n'y a pas de justesse dans les lois, l'homme sera dépravé. Des lois actuelles de l'Europe, les plus mal raisonnées sont celles qui concernent l'Amour : c'est en cela aussi que la déviation est plus grande, et que l'on respecte le moins les lois. Ces infractions, sur lesquelles on semble toujours prêt à fermer les yeux, produisent plus de mal encore que celles des autres devoirs. »

Et plus brièvement :

« Quand des nations, placées dans l'indépendance, demanderont une de ces formes distinctes qui diminuent notre malheur, lorsqu'elles sont bonnes, et peut-être aussi lors même qu'elles ne le sont pas, on pourra sous tous les climats trouver dans l'amour le lien principal de la cité. »

Voilà de solides assises posées. Je reconnais que la grandeur du monument n'y correspond pas toujours. La partie politique reste à écrire. Peut-être, pour bien des raisons, n'eût-il pas été possible de la traiter avec l'ampleur et la profondeur désirables. Indépendamment des obstacles du moment, le temps n'était pas venu de résoudre un tel problème. C'était déjà beaucoup de le poser. Maintenant descendons de ces hauteurs, arrivons à l'application, voyons comment l'auteur met ses principes d'accord avec le fait même de l'amour tel qu'il se présente dans la société.

CHAPITRE V

L'Amour (suite et fin).

Existe-t-il en réalité deux éléments dans l'amour? Le vieux parallélisme classique de la passion et du devoir contient-il des principes contradictoires, irréductibles, ou bien une conciliation est-elle possible? Le devoir peut-il s'accommoder avec la passion, et celle-ci peut-elle se soumettre aux exigences, à la discipline du devoir? Quiconque a touché de près ou de loin à cette redoutable question de l'amour s'est heurté à cette difficulté. Stendhal seul, je crois, dans sa fatuité sensuelle, a passé à côté du problème sans le voir ou sans s'en inquiéter. Il opte résolument pour la passion, car après tout, le plaisir n'est qu'une forme de la passion.

Proudhon, qui avait la main lourde, a posé brutalement la question dans son célèbre dilemme « courtisane ou ménagère. » C'est trancher la question sans la traiter. Michelet, lui, est pour le devoir; il veut le mariage, le ménage, à condition d'y faire entrer la passion. Mélange délicat et dangereux.

Au fond nulle obligation d'aimer, aucune raison non plus. Le mot de la grisette parisienne reste vrai: « L'amour ne se commande pas. » On aime parce qu'on aime, et on *désaime* par le même motif. Les philosophes auront beau monter sur leurs grands arguments, parler de l'amour, loi des mondes, nécessité impérieuse, obligation sacrée, réciprocité touchante, tout cela ne veut rien dire, sinon que les philosophes, en cherchant à idéaliser l'amour, mettent crûment en relief son caractère de haute fatalité. La réciprocité même, sur laquelle on insiste, n'est pas du tout nécessaire. Et qui veut être payé de retour n'aime pas réellement. Cela est vrai de tous les amours, plus particulièrement de l'amour de Dieu ; c'est ce qu'on ne fera jamais comprendre aux dévots qui font des marchandages avec le ciel, et donnent, comme on dit, un œuf pour avoir un bœuf. L'esprit qui a pénétré le plus profondément dans cet ordre d'idées et de sentiments est assurément Fénelon, en son livre si célèbre et si peu connu, *Les Maximes des Saints*. Fénelon pose nettement ce principe : Qui n'aime pas quand même n'aime pas. Et pour bien illustrer sa pensée, il suppose au fond de l'Enfer un pécheur condamné perpétuellement à la géhenne et persistant à aimer ce Dieu qui le damne, en dehors de toute espérance possible. Cette conception fit frémir tous les docteurs catholiques, Bossuet en tête. Ils virent très bien que, par son hypothèse audacieuse, Fénelon supprimait l'Enfer, puisqu'il accordait à son damné la joie paradisiaque de l'amour. Rome fut avertie et le mystique prélat censuré, mais sa théorie n'en reste pas moins la plus conforme à l'essence même de l'amour, qui est le désintéressement (1).

Pas plus que d'autres Senancour n'a échappé à ce qu'il y a d'ardu dans le problème. Il devance Michelet dans l'idée d'une conciliation entre la passion et le de-

---

(1) Et, de toute façon, dans cette hypothèse, la damnation éternelle est atteinte, car si Dieu est le grand Aimant, il doit aimer lui aussi *quand même* le pécheur ; alors pourquoi le damner ? Comment celui qui a institué la loi de l'amour pourrait-il la méconnaître ?

voir, seulement il le devance en sens inverse ; Michelet
mettra la passion dans le devoir, tandis que Senancour
place le devoir dans la passion. Est-ce à dire qu'il soit
un adversaire du mariage ou un partisan de l'union libre? Ce dernier mot n'était pas connu alors, mais la
chose existait sous la forme singulière tantôt d'un ménage à trois, comme Francueil chez les d'Épinay, Voltaire chez les Du Chatelet, ou bien sous le nom respectable d'amitié, comme Mmes d'Houdetot et Saint-Lambert,
plus rarement sous l'apparence d'une association mon-
daine, par exemple Mlle de Lespinasse avec d'Alembert.
On ne se mettait pas en dehors de la société; on tri-
chait avec elle et elle se prêtait au jeu. Ce n'était pas
là l'union libre comme on l'entend aujourd'hui, comme
quelques esprits systématiques ont essayé de l'instituer par dédain de la sanction religieuse et de la convention sociale. En définitive, c'était tout de même
l'amour libre, et cette idée de liberté, Senancour l'accepte
très bien. Il y porte seulement une gravité, une austérité bien singulière en un pareil sujet; il y fait preuve
aussi d'une ingénuité qui frise la maladresse, et sous
prétexte de ne rien omettre, tantôt il touche sans embarras à des détails choquants; tantôt il se fourvoie
dans une physiologie matérialiste, qui pouvait paraître
hardie alors et qui nous semble aujourd'hui bien surannée. C'est là, du reste, un écueil inhérent à ce sujet
de l'amour. Balzac s'y est trop complu, et Michelet a
failli s'y perdre. Quant à Senancour, sa bonne foi, j'al-
lais dire sa candeur, est entière, et s'il ne croit pas
pouvoir dissimuler certaines indications, il n'en garde
pas moins très haut et très vif le sentiment de la pudeur.

« La véritable pudeur est très importante ; elle per-
pétue l'amour : non seulement ceux qui n'en ont pas

sont incapables d'aimer, mais ils ne sont pas même dignes de jouir ; ils peuvent multiplier, mais ils sont étrangers à l'amour humain. S'il est peu d'unions heureuses, c'est, en grande partie, parce que la pudeur est trop négligée dans l'indiscrète liberté du mariage, et même dans d'autres occasions où l'habitude semble éloigner l'attention des désirs, et la laisser se porter sur les autres objets des sollicitudes et des passions de la vie (1). »

Suit tout un développement qui trouverait plus convenablement sa place au sujet du mariage. L'auteur y combat, avec une vivacité de termes qui le rend presque réaliste au moins bon sens du mot, l'usage du lit commun et même, semble-t-il, de la chambre commune. Michelet, dans son livre *l'Amour*, n'a point laissé passer cette hérésie sans la relever.

« M. de Senancour, écrit-il, qui conseille de ne pas faire lit commun, oublie (chose surprenante dans un esprit si sérieux) que le lit est justement le conciliateur des âmes en toute communication grave et importante. Il n'est pas pour le repos seul, il n'est pas pour le plaisir seul ; il est le confident discret, le favorable intermédiaire des pensées et des paroles qui ne pourraient se dire ailleurs. C'est le grand communicateur, disons mieux : une communion. »

Ce n'est pas qu'entre la pudeur et la chasteté Senancour n'établisse aucune différence. La pudeur est à ses yeux une marque de dignité réciproque, de respect même dans l'abandon. Sur la chasteté, il s'exprime avec une liberté plus grande.

« Comme si la vertu n'avait qu'un mode, nous pla-

---

1 Il est curieux de comparer ces lignes avec un fragment de Joubert : *Qu'est-ce que la pudeur ?* En rapprocher aussi le singulier mot de Daniel Stern : « La pudeur est la honte dans l'amour. »

çons toute celle de la femme dans la chasteté, nous faisons consister celle de l'homme dans la bravoure ; et
pourvu que l'on excelle en ces deux points, nous dis-
pensons presque de tout le reste. Du moins si notre
morale n'autorise pas expressément cette visible erreur,
elle la consacre en quelque sorte à force de la tolérer.
C'est une grande preuve que notre morale, toujours négligée, toujours abandonnée à des sectaires, est restée
indigne du point où sont parvenues nos lumières dans
les autres parties, moins importantes pourtant, de la
civilisation. L'esprit général de notre morale n'est encore autre chose que l'*Honneur des barbares*. »

Voilà un mot qui trouverait aisément son application
de nos jours. Nos duels pour les femmes, nos assassi-
nats passionnels lorsque s'ouvre toute grande pour les
mécontents la porte du divorce, autant de restes, je ne
dirai pas comme les naturalistes de l'homme des cavernes, mais assurément autant de restes du mauvais
Moyen-âge, adorateur et tyran de la femme, et mettant
son point d'honneur *barbare* à défendre une fidélité
imposée et par cela même exécrable.

Donc respect mutuel, rapports équitables entre les
deux sexes ; la liberté impliquant la justice. Et la fidélité, que devient-elle dans tout cela ? Est-ce le règne de
l'attachement qui s'inaugure ? Est-ce celui du caprice ?
Quelques-unes des alliances libres, dont j'ai parlé au
début de ce chapitre, ont eu en leur faveur leur durée.
Elles devenaient respectables à la longue.

La faute disparaît dans sa constance même,

a dit Sainte-Beuve ; encore faut-il qu'il y ait constance.
Où est l'obligation ? Sera-ce le serment ? Mais écoutez ce
qu'en dit Senancour :

« Dès qu'une liaison s'établit entre des personnes

honnêtes, c'est un engagement d'être exclusivement l'un à l'autre tant que ce lien durera, de ne se jamais tromper, et dès lors de faire connaître avec franchise le moment où ces dispositions viendraient à cesser. Cette promesse mutuelle devrait être faite expressément : elle est nécessaire au repos, elle donne une sécurité entière à quiconque mérite le nom d'homme. Ce n'est que dans la confiance de l'estime, dans cette noble certitude, qu'on jouit d'une intimité digne des âmes honnêtes.

« Si ce lien peut durer autant que nous, il fera notre bonheur ou notre consolation : mais n'oublions point les lois du sort, n'allons pas jurer d'aimer toujours; nul n'est certain d'aimer le lendemain. L'on atteste la sensation présente ou l'événement passé ; le reste, l'homme l'ignore. »

Ce passage n'est pas rigoureusement d'accord avec celui qui traite de l'adultère, et dont voici les premières lignes :

« L'adultère, dans l'acception commune du mot, suppose le mariage, mais j'entends par adultère toute violation de la foi promise, ne sachant trop quelle différence essentielle peut exister entre une parole donnée et une autre parole donnée sur des objets semblables. Les suites, il est vrai, sont grandes dans le mariage; mais il en est de même de toute liaison suivie où les enfants sont reconnus. Cependant, puisque l'adultère hors du mariage est compté pour peu de chose, malgré tout ce qui peut en résulter, et que l'adultère dans le mariage paraît un crime plus grand, même lorsqu'il n'arrive rien de plus, puisque ce lien est le seul qu'on trouve quelquefois respectable, considérons principalement l'adultère dans le mariage. »

Ce n'en est pas moins, sous forme d'incidence et de parenthèse, la dénonciation dans l'amour libre d'un

adultère où il est bien délicat de discerner les torts et
les responsabilités.

Introduire le devoir dans la passion est une conception essentiellement périlleuse. Que le fait se soit produit, que même chaque jour encore il se produise, je
n'hésite pas à le croire ; mais ce sont là des faits personnels, relevant uniquement des individus, dépendant
de leur dignité, de leur puissance d'affection, de leur
moralité native et instinctive. Déduire de là une loi est
impossible. Senancour n'y a pas plus réussi que les
autres, et si je m'en rapporte à tous les renseignements
que j'ai recueillis dans sa famille, dans son milieu, dans
ses papiers, je ne pense pas qu'en sa vie privée il ait
tenté de résoudre le problème. Pour le mariage, pour
le sien personnellement, j'aurai divers détails à noter
tout à l'heure, mais de la passion proprement dite je
ne découvre pas de trace. Deux ou trois passages fugi-
tifs d'*Oberman* ne suffisent même pas à autoriser les
conjectures.

Il fallait cependant épuiser tous les points de vue.
Le livre *de l'Amour* ne pouvait être complet qu'en traitant du mariage. Comme je l'ai fait observer plus haut,
Michelet n'y a guère vu que cela, tandis que Stendhal
ne l'a pas vu du tout. Si la nature passionnée de Senancour l'entraînait vers l'amour libre, la rigidité de
sa pensée devait l'incliner vers le mariage. Là, le problème va-t-il se retourner ? La passion entrera-t-elle
dans le devoir ou bien sera-t-elle sévèrement tenue à
l'écart, arrêtée sur le seuil de la maison conjugale ?
Avant de donner la réponse positive de Senancour à
cet égard (car il y en a une), montrons, en empruntant
son propre témoignage, sa double conception du mariage heureux et du mariage malheureux.

« Lorsque cette union est parfaite, c'est le plus grand moyen de félicité ; celui qui en jouit ne doit rien regretter. Les plaisirs de la confiance et de l'intimité sont grands entre des amis ; mais animés et multipliés par tous ces détails qu'occasionne le sentiment de la différence des sexes, ces plaisirs délicats n'ont plus de bornes. Est-il une habitude domestique plus délicieuse que d'être bon et juste aux yeux d'une femme aimée ; de faire tout pour elle et de n'en rien exiger si ce n'est pour l'ordre, d'en attendre tout ce qui est naturel et honnête, et de n'en rien prétendre d'exclusif ; de la rendre estimable et de la laisser à elle-même ; de la soutenir, de la conseiller, de la protéger sans la gouverner, sans l'assujettir ; d'en faire une amie qui ne cache rien et qui n'ait rien à cacher, sans lui interdire des choses indifférentes alors, mais que d'autres tairaient ou devraient s'interdire ; de la rendre la plus parfaite, mais la plus libre qu'il se puisse ; d'avoir sur elle tous les droits, afin de lui rendre toute la liberté qu'une âme droite puisse accepter, et de faire ainsi, du moins dans l'obscurité de la vie, la félicité d'un être humain digne de recevoir le bonheur sans le corrompre, et la liberté de l'esprit sans en être corrompu ? »

Voilà le mariage idéal, le mariage rêvé. Voyons maintenant le revers de la médaille, le mariage malheureux et trop souvent réel :

« Que de misères dans un mauvais choix ! et il y a plus : quand on en ferait un bon, cent choses imprévues changent l'amitié en opposition, les désirs mêmes en dégoût. Ce n'est pas le vice seul qui fait le malheur d'un ménage ; les unions les plus tristes sont trop souvent celles de gens de bien. Avec de la bonté, des mœurs, des vertus, et même avec de l'esprit réuni à cela, on peut vivre très mal ensemble. C'est souvent parce

qu'on veut le bien, parce qu'on le veut d'une manière
mal raisonnée, ou seulement parce que le voulant tous
deux absolument, on ne le veut pas de la même manière. Que faire alors ? On sait comment repousser les
effets d'un vice odieux ; mais quel terme espérer à un
mal dont la cause est respectable en quelque sorte ;
quels moyens employer contre les dégoûts dont on
nous obsède avec amitié, avec le sang-froid de la bêtise,
avec la douceur des intentions droites, avec la constance irrémédiable d'une sorte de nécessité ? »

Je sais combien il est scabreux de s'avancer sur le
terrain de l'interprétation personnelle quand il s'agit
d'écrivains qui ont justement tout fait pour masquer
leur personnalité, la dérober au lecteur et dépayser la
critique. Rien n'importunait davantage Senancour que
les conjectures biographiques à propos de ses livres. Il
s'en irrite en plusieurs endroits des notes intimes qui
ont échappé à la destruction. Je me suis donc montré
et me montrerai encore très sobre à cet égard. Cependant, lorsque je relis avec attention le passage qui précède, il me semble difficile de n'y pas reconnaître à la
vivacité de certains traits, à l'amertume de quelques
autres, l'accent d'un sourd ressentiment mal apaisé.

On ne sait rien en réalité sur le mariage de Senancour ni sur sa vie intérieure. Ce qui a été écrit sur ce
mariage, même par les mieux informés, comme Sainte-
Beuve, est peu exact. Mme de Senancour n'appartenait
point directement à la famille des Jouffroy (celle du
marquis, le fameux inventeur). C'était une demoiselle
de Daguet. Le petit roman qui veut qu'elle ait été épou-
sée par suite d'un scrupule exagéré ne repose sur aucune preuve. Mme de Senancour haussait les épaules
quand on lui en parlait. Du reste, Mme de Senancour
mourut jeune et ses enfants paraissaient en avoir fai-

blement conservé le souvenir. Publiquement ou inti-
mement, Senancour n'y fait jamais la moindre allusion.
De tout cela il est permis d'inférer que cette union ne
fut pas très heureuse. En se mariant, l'homme avait
réalisé une des idées de l'écrivain, une idée qui lui était
particulièrement chère, que nous trouvons ainsi exprimée dans la quatrième édition de l'*Amour* :

« Si un homme qui se trouve à l'abri de l'indigence
préfère une femme devenue pauvre, afin d'être l'unique
cause de sa félicité, cet homme se conduit aussi raison-
nablement que noblement. C'est une probabilité de
plus pour un attachement vrai toujours préférable aux
autres avantages que prodigue la fortune. Il existe des
femmes dont l'affection doit dédommager de tout....
Mais il faut éviter avec attention de mettre au nombre
de ces femmes si dignes d'être exclusivement aimées,
celles qui ont pour tout mérite une amabilité vulgaire,
ou l'art de séduire : cette séduction finira, et le joug
n'aura point de terme. »

Or, nous savons que Mme de Daguet était pauvre, et
que Senancour, lorsqu'il l'épousa, pouvait se croire en
passe de devenir très riche. Peut-être trouva-t-il chez
sa femme un manque de bonne grâce et de gratitude
qui le blessa.

Et maintenant, puisque j'ai promis l'opinion décisive
sur le mariage, je la prends, comme le précédent passage, dans l'édition définitive de 1834.

« En formant cette union, promettez de n'avoir jamais de procédés contraires à l'affection mutuelle ;
mais ne jurez pas de rester toujours en proie à des
ardeurs dont le lien conjugal n'exige pas la constance,
et qui pourraient lui manquer toujours, sans qu'il fût
moins positif, moins sacré, moins favorable au bonheur.
Faire consister la force du mariage dans celle de l'a-

mour, c'est aller jusqu'à méconnaître l'esprit de cette *institution*. Ce que le sort ne produit ou ne permet que très rarement ne peut pas être la condition d'un contrat proposé à tout le monde. Déférence ou protection, prévenances réciproques, concours des volontés pour l'avantage des enfants, libres rapports et confiance domestique : voilà ce qui reste inséparable de l'idée de l'union prolongée, de l'union obligatoire. »

Je pourrais détacher encore de cette quatrième édition quelques pages fort belles, mais trop énigmatiques, sur le partage qu'il semble ne pas désapprouver en de certaines circonstances exceptionnelles. C'est du meilleur Senancour comme forme, mais la singularité est si grande et l'indication si obscure, que j'aime mieux n'y point insister.

On conçoit qu'avec sa conception du mariage Senancour ne devait pas être un adversaire du divorce, loin de là. Nous voyons en effet une réclamation en faveur du divorce se produire sous forme de note dans la troisième édition de l'*Amour*, 1828-29, donnée par M. de Boisjoslin. Elle reparaîtra plus étendue dans la quatrième édition. Mais voici qui est curieux. Cette note déjà se trouve à l'état d'appendice dans les *Observations sur le Génie du christianisme*, publiées en 1816, bien qu'elles eussent été écrites plusieurs années auparavant. C'est une polémique contre les opinions de M. de Bonald relatives à cette matière. Elle est vigoureuse, d'une élévation réelle, d'une logique soutenue. Toutefois elle ne nous apprend rien de particulier sur les idées de l'écrivain quant à l'amour et au mariage ; elle ne fait que les résumer.

Après un début dogmatique, il aurait fallu une conclusion également dogmatique. Mais ici l'auteur a reculé devant ce qu'il pourrait y avoir de trop absolu

dans une formule qui prétendrait contenir tant de
nuances diverses, elles-mêmes si diversement traitées
dans ce livre. En ce sens on peut dire que l'*Amour*
appartient comme les *Pensées* de Pascal, comme l'*Esprit
des lois*, à ces sortes d'ouvrages qui donnent et laissent
à la fois le sentiment du vaste et de l'indéterminé.
L'écrivain ne s'est pas dissimulé quelle était, en face
de la tâche entreprise et de son étendue, la vanité de
ses efforts, de tout effort humain. Là-dessus il ne s'est
jamais fait la moindre illusion. Les dernières pages
de chaque édition peuvent varier et varient en effet
comme forme ; le sentiment douloureux persiste iden-
tique. Le refrain mélancolique revient toujours le
même : « Nous ne verrons pas changer le monde. »
Ce qui revient à cette autre vérité : nous ne le ferons
pas changer. Je donne la dernière de ces versions,
non pas qu'elle soit la plus belle, mais parce qu'elle
apparaît comme la plus décisive et en même temps
la plus mesurée.

« L'orage parcourt tous les lieux ; à chaque instant
il fait des victimes. Nous sommes nés sur d'innombrables ossements, et le sol qui nous porte en est
composé. Une fermentation dévorante, un mouvement
sinistre laboure ce chaos où chacun de nous surnage
durant quelques minutes. Unissez-vous, hommes vrais ;
vous dont les penchants sont purs et les vues équitables, unissez-vous, aimez-vous. Le faste des esprits
superbes est resté sans excuse ; on a vu que l'audace
n'avait pas de fondement, et que toute science rencontrait des abîmes. Chérissons la tranquillité intime : en
se consolant ainsi, en allégeant ce qu'on ne réformerait
pas, on s'approche sans désespoir du moment où l'enthousiasme même finit, où la poussière vivante s'éteint.
Là se perdent nos larmes comme notre gloire, comme

nos travaux sans but et nos opinions téméraires.
Tandis qu'un mortel déjà célèbre s'agrandit avec éclat,
des mortels malheureux s'agitent dans leur carrière
silencieuse. *Ce qui triomphe, ce qui succombe, sera
également dissipé.* L'industrie, la frugalité, la mollesse,
l'imposture qu'on méprise, comme celle qu'on adore,
les fidèles des divers dogmes, et les agents des factions
contraires, tout passe, tout s'oublie. Le luxe des villes,
la splendeur des peuples, l'espoir des héros, se con-
sument. Environnés de ce trouble, soyons paisibles ;
témoins de ce délire, *descendons avec prudence la pente
universelle. Aimons la justice, afin que des jouissances
irréprochables nous aident à soutenir nos années,* con-
fusément pressées entre le premier jour dont l'aurore
n'a pas été vue, et le temps où il ne restera rien à
l'homme de la terre. »

C'est une fin à la Lucrèce, avec moins d'éclat sans
doute et plus de stoïcisme. Après avoir dit que l'amour
est un voile sur le néant, Senancour déchire trop le
voile et laisse trop apparaître l'idée du néant.

L'édition de 1834 contient en forme d'épilogue un
Fragment sur l'amitié, publié en 1811, dans le *Mercure
de France*. Ce *Fragment* est de la plus grande beauté,
et c'est certainement, avec le fameux chapitre de Montaigne, ce que l'on a écrit de mieux sur l'amitié dans
notre littérature (1). L'auteur a été aussi bien inspiré
comme exécution que comme composition. Il semble
que ce sujet lui convenait mieux et qu'il s'y trouve
plus à l'aise que dans celui de l'amour. Sa vocation
était sans doute d'être plutôt un ami qu'un amant ;
mais là encore la note attristée reparaît ; l'idéal n'est

____

(1) Il serait injuste de ne pas rappeler les pages si judicieuses et si
fermes de Mme de Lambert.

pas atteint, et c'est sur une expression de regret que se termine le *Fragment*.

« Il est dans le malheur d'innombrables combinaisons, et nul ne saurait affirmer que rien ne l'empêchera de jouir pleinement de l'amitié. Qui oserait marquer des bornes à l'infortune, et sonder les abîmes de notre détresse ? Ce serait même une témérité de se dire : rien ne pourra m'arrêter dans la pratique de la sagesse. Vainement vous avez en vous ce qui fait l'homme ; si le sort le veut, tout sera inutile. Sans doute il ne vous rendra ni vil ni criminel ; mais vos qualités mêmes seront éludées pour ainsi dire, et il vous accablera sans bruit. Vous aurez des amis, mais un ami ne vous sera pas donné. Ce sera beaucoup si du moins vous vivez un jour avec un compagnon de la même peine. »

CHAPITRE VI

Les Rêveries, *Oberman* et *l'Amour* constituent une
première série d'œuvres importantes, distinguées les
unes des autres par des différences notables, rappro-
chées cependant au fond par un même esprit d'indépendance philosophique absolue, par le double désir
d'émanciper l'homme de disciplines qui paraissent
vaines, et de lui restituer ses assises naturelles. Les
conceptions religieuses ne s'y rencontrent en quelque
sorte qu'à l'état fugitif, et, d'autre part, la préoccupation antisacerdotale, antichrétienne, n'y figure qu'en
un rang très secondaire. Aux grands événements qui
s'accomplissent de 1799 à 1806, comme à la tourmente
terrible qui les a précédés, il est fait à peine allusion.
La seconde série des œuvres qui s'ouvre, en 1816, par
les *Observations sur le Génie du christianisme*, se
poursuit, en 1819, par les *Libres Méditations*, s'accentue,
en 1825, par le *Résumé des traditions morales* et se
couronne par les dernières *Rêveries*, en 1833, offre un
caractère tout différent ou du moins beaucoup plus
tranché dans l'un et l'autre des sens que j'indiquais
tout à l'heure. Il y faut également ajouter la nuance

patriotique et politique qui se marque fortement dans plusieurs brochures publiées de 1814 à 1815.

Ces années pendant lesquelles s'accomplit chez Senancour une évolution si curieuse et si décisive, ces huit années (1806-1814) à peu près silencieuses, de quel poids ont-elles pesé dans la vie morale de l'écrivain? Quel travail s'est opéré dans son intelligence et dans son âme? Voilà ce qu'il n'est pas toujours aisé de déterminer, mais ce qu'il est intéressant de chercher à connaître.

Tout d'abord, en 1807, nous rencontrons une comédie en cinq actes et en prose *Valombré*. Cette comédie, bien entendu, n'a jamais été représentée, aucun historien du théâtre n'en fait mention, que je sache; aucun biographe de Senancour n'en a parlé. *Valombré*, toutefois, a été imprimé chez Farge et mis en vente chez les libraires qui avaient publié les ouvrages précédents, notamment Capelle-Renand et Cérioux. Point de nom d'auteur. Il est remplacé par les classiques *trois étoiles*.

L'exemplaire que je possède m'a été donné par Mlle de Senancour. A plusieurs reprises, elle m'a entretenu de cette tentative dramatique, simple distraction à laquelle son père attachait une médiocre importance, il en rougissait même un peu; aussi n'avait-il fait tirer sa comédie qu'à un petit nombre d'exemplaires, et il se garda bien de la répandre.

Comme échantillon de littérature dramatique, *Valombré*, sans être inférieur à beaucoup de pièces de ce temps-là, n'aurait pas par soi-même assez de valeur pour attirer l'attention. Le caractère de l'époque y est empreint d'une manière irrécusable. Les personnages s'appellent Dorville, Dorimond, Germond; les valets, Dubois, Picard; la grande coquette a nom Célimène et l'ingénue ne saurait être autre qu'une Angélique. L'intrigue, à peu près nulle, ne laisse pas que d'être embrouillée, obscure, pauvre de péripéties et pourtant surchargée d'incidents parasites. Le dénouement est enfantin.

Valombré, ainsi se nomme le personnage principal, est un sage, un philosophe, l'homme éclairé, bienfaisant, à la Jean-Jacques, à la Bernardin de Saint-Pierre, si en faveur au XVIII° siècle, pendant la Révolution et même sous l'Empire. Bien que sa vertu soit aimable, nullement rigoriste, elle humilie son frère, Dorville, un assez mauvais sujet ; elle importune et contrarie Célimène comme un défi. Les voilà donc qui complotent de tendre un piège à l'austère Valombré. Quel sera ce piège? C'est ce dont je ne me suis pas rendu compte. On en parle pendant toute la pièce ; on le qualifie même de noirceur ; on tremble pour Valombré, qui est arrêté par des gendarmes sans qu'on sache pourquoi et relâché sans qu'on sache comment. En fin de compte, rien n'arrive. Toute la malice de ce piège, qui vraiment n'est pas si noir, consisterait en somme à obtenir que Valombré offrît son cœur à Célimène, laquelle, satisfaite de son triomphe, s'empresserait de refuser une main qu'elle destine à son complice, Dorville. Le malheur est que, d'une part, Célimène se prend dans son propre filet, s'éprend de Valombré, qui la dédaigne et feint de ne pas la comprendre, et, d'autre part, que Dorville, touché par les charmes de l'ingénue, manque de parole à la coquette, ainsi doublement punie. Angélique pourtant ne deviendra point Mme Dorville, car elle est appelée à récompenser la vertu et à couronner la flamme discrète du sage Valombré.

Je ne me serais pas arrêté à cette pièce assez singulière, autrement qu'à titre de curiosité, et je n'y insis-

terais pas davantage si l'on n'y rencontrait, çà et là, de
précieuses indications sur l'état d'âme de Senancour
à ce moment de sa vie (trente-sept ans), sur sa
manière de comprendre et d'appliquer les délicatesses
du sentiment.

Voici d'abord le portrait de Valombré tel qu'on le
voit dans son entourage, tel que le représentent ses
valets à la femme de chambre de Célimène :

« Caractère égal, très aimant, quelquefois distrait,
souvent triste, jamais abattu. Sans haine comme sans
humeur. Généreux sans affectation ; négligeant un peu
ses intérêts ; trop occupé de ses *amis* ; c'est comme
cela qu'il lui plaît de nommer les bonnes gens qui ne
sont pas heureux. Du reste, il ne voit personne qu'un
monsieur Desprès (le père d'Angélique) : il court avec
lui les hauteurs, cherchant, observant les plantes :
c'est un goût dominant. — Mais sa grande habitude,
c'est de s'enfermer longtemps dans son cabinet : là,
seul avec tous les rêveurs anciens et modernes, il écrit,
il projette. Dieu sait ! tous les châteaux en Espagne !
Mais, sorti de là, laissant la science sous la clef, il
parle comme un autre.... »

Nous n'avons de Dorville qu'une simple esquisse
tracée par Célimène. C'est l'ombre au tableau, le repous-
soir, comme on dit, Don Juan contribuant à mieux
mettre Alceste en relief :

« Dorville a toute la confiance d'un homme aimable.
Parce qu'il sait plaire, il se flatte de réussir à tout. Il
n'a jamais rien craint, si ce n'est le ridicule. Fait pour
la société, formé dans les cercles, docile à l'usage, instruit sans étude, trop spirituel pour être conséquent,
trop sensé pour avoir des principes ; fixé à notre char,
il l'entraîne à son gré : il paraît nous être des plus
soumis, mais j'ai bien peur qu'au fait ce ne soit lui qui

nous conduise. Son art pour mieux persuader, c'est d'engager à ce que l'on désire. »

Ce mondain, ami du plaisir et d'une certaine corruption élégante, va se peindre encore mieux et se définir à souhait dans une discussion avec son frère Valombré :

. . . .

. . . .

DORVILLE

De la raison ! voilà encore de vos vieux mots. De la raison ? Il faudrait ramper sur la trace monotone autant que pénible de soins réglés, de travaux utiles, de devoirs prescrits ? Éterniser ses heures ? — L'art de la vie, c'est d'en faire un cercle aimable de ces plaisirs rapides, de ces riens essentiels, qui dissipent, en les allégeant, nos jours oubliés. Ainsi, point de regrets pour le temps qui s'éloigne ; on.... l'ignore.

VALOMBRÉ

L'avenir, la vieillesse, vous l'ignorez aussi.

DORVILLE

C'est fort bien cela ; faites attention.

VALOMBRÉ

La science de la vie, c'est donc de l'abandonner au hasard : perdre ses années, c'est savoir en user : effleurer, c'est jouir ! les devoirs sont vains, toute morale est surannée ! — La seule sagesse avouée parmi vous, c'est la séduction d'un délire auquel vous livrez votre être.

DORVILLE

Je vous le dis sérieusement. Si les plaisirs sont des illusions, eh bien ! je veux des illusions. J'aime les chemins de roses : les épines, c'est pour un autre âge. Votre raison me glace le cœur : la voix du plaisir l'anime, l'enflamme ; sous son aile, légère tant que vous voudrez, je parcours des heures heureuses. Je n'ai pas besoin de regarder en arrière quand un long espace s'ouvre encore devant moi. — Vous rêvez, j'agis : vous travaillez, je m'amuse : vous végétez, je vis. Lequel, je vous prie, sait user de ses jours ? J'aime trop la vie pour la consumer en vain. »

Les différentes manières de concevoir la vie, l'opposition des tendances et des goûts dégénèrent assez souvent en antagonisme. C'est un trait de nature que l'auteur a finement senti et vivement relevé. Non content d'exposer ses théories épicuriennes, Dorville s'attaque au stoïcisme de Valombré. Il va jusqu'à lui faire une guerre passablement déloyale, suspectant ses intentions, dénaturant ses actes, l'accusant, comme nous dirions aujourd'hui, de poser au philosophe. Il y a dans son langage une dureté ironique et injuste.

« Me voilà philosophe, dit-il. Je n'affirme rien : il faut une raison profonde pour tout ignorer. Je dis de tout : mais.... que sais-je ! Les lumières nous manquent. N'embrassant aucune opinion, je me ménage pour le besoin des droits sur toutes. Si je n'aspire point à convaincre, j'aurai du moins le plaisir d'embarrasser. Dans ma conduite, mes écrits, mes discours, je serai inexplicable ; et l'on dira : Qu'il est profond !.... S'il vient une occasion d'éclat, ma vertu fastueuse sera modelée sur les antiques. — Peu fait pour la société, j'en dédaignerai les attraits qui se refuseront à moi, et l'on me tiendra compte de ma retraite prudente comme d'un effort de vertu. Ma vie simple n'exigera pas de grands biens, ma paresse m'interdira les moyens d'en acquérir : on vantera mon désintéressement. — Ma vie obscure, embarrassée par maladresse ou par incapacité, sera la retraite d'un sage méprisant le néant des richesses et

des grandeurs. Un tempérament paisible, ou les dehors
d'une réserve hypocrite me feront passer pour avoir
des mœurs sévères. Quelques sorties véhémentes
contre les vices et les travers, et je suis un enthousiaste de la nature, un adorateur de la vertu. Me voilà
philosophe.

VALOMBRÉ

Nullement. Il y a loin de l'affectation des vertus à
leur inimitable vérité. Le faste d'une sagesse étudiée
ne ressemblera jamais à la sincérité de l'homme qui
soumet ses pensées à la raison, ses actions au devoir.
Trop sensé pour tout approuver, et trop conséquent
pour imiter ce qu'il condamne, si le sage s'écarte des
usages reçus, c'est à regret ; s'il en adopte d'inconnus
aux lieux qu'il habite, c'est parce qu'ils sont bons et
non parce qu'ils sont nouveaux. Ses vertus ne sont
point antiques : il serait trop désespérant qu'une
grande âme parût étrangère à nos contrées.... »

Il est permis de penser, sans trop s'engager dans
la voie des conjectures, que Valombré sert ici, en
quelque façon, de masque à Senancour. Peut-être autour
de lui avait-il entendu s'élever les reproches qu'il place
sur les lèvres de Dorville, et n'était-il pas fâché d'y
répondre indirectement, mais avec netteté. Son idéal
ou, à mieux parler, son type du philosophe est l'homme
simple par excellence, naturel, sans ostentation.

Dans cette comédie, que l'on pourrait appeler *les
Tentations du Sage*, l'auteur a introduit un épisode
assez bizarre. C'est la nomination de Valombré comme
sous-préfet. Avec l'organisation du régime impérial, où
chaque délégué du pouvoir choisi par le souverain
représentait ses intentions, sa pensée, sa volonté, un
fonctionnaire, même de second ou de troisième rang,
devenait un personnage d'importance. Maine de Biran,

deux ans plus tard (1809), fut sous-préfet de Bergerac. Senancour, avec ses habitudes d'ordre et de circonspection, n'aurait pas été un plus mauvais administrateur que le mélancolique méditatif qui cherchait, de son côté, la solution du grand problème. Notre philosophe fut peut-être pressenti à cette époque, il ne serait pas invraisemblable que la crainte des responsabilités eût engagé ce scrupuleux inquiet à décliner un honneur quelque peu périlleux. Ce qui est certain, c'est que Valombré, quand on vient lui annoncer sa nomination, paraît plus frappé des inconvénients que des avantages, ainsi que le prouve ce bout de dialogue :

DESPRÈS

Voilà un moyen de faire beaucoup de bien.

VALOMBBRÉ

Et du mal peut-être.

DESPRÈS

On n'attend de vous que de l'équité.

VALOMBRÉ

Craignez aussi des erreurs.

DESPRÈS

Ne pensez qu'à ce témoignage de l'estime universelle.

VALOMBRÉ

On me haïra peut-être quand j'aurai quelque pouvoir.

DESPRÈS

L'on ne change pas ainsi.

VALOMBRE

Qu'y a-t-il de constant dans la vie? Les haines, les jalousies vont s'éveiller. — J'étais paisible.

Ce qui aurait peut-être, dans la pensée du souverain ombrageux et pointilleux, écarté l'idée d'une fonction officielle pour Senancour, c'est le bruit qui se faisait alors autour du livre *de l'Amour*. Les clameurs avaient été vives après la première édition. Elles redoublèrent à la seconde. La *Gazette de France* se signala par sa violence et sa mauvaise foi. Elle accusa l'auteur « de justifier des crimes, et d'autoriser l'abandon le plus cynique à toute la dépravation que les sens peuvent conseiller. » Senancour protesta très vivement dans une lettre qu'on lui promit d'insérer, mais qui ne parut que mutilée, tronquée et accompagnée de cette hypocrite apostille :

« L'impartialité dont nous faisons profession nous a décidés à insérer la lettre suivante. Nous désirons que l'auteur se justifie du tort qui lui a été imputé dans notre feuille. Le zèle qu'il témoigne pour cela nous paraît fort louable, et les gens de bien doivent lui en savoir gré. »

Ceci se passait en 1808. L'année suivante, l'auteur, donnant une deuxième édition (la vraie) des *Rêveries*, profita de l'occasion pour ajouter une note dans laquelle il rétablissait la vérité des faits et imprimait sa lettre à la *Gazette de France* conformément au texte exact. Voici ce texte, qui nous dispensera d'entrer dans plus de détails sur ce petit démêlé :

« Messieurs,

« Dans votre numéro du 10 juillet, dont je n'ai point eu d'abord connaissance, en parlant du livre *de l'Amour* par M. de Senancour, l'on fait dire à l'auteur plusieurs choses qu'il n'a point dites, et qui ne pourraient être dites que par un écrivain immoral ou insensé. Ces imputations sont telles, qu'il m'est impossible de n'en pas relever l'erreur. Je ne le ferais point si cette erreur était d'une nature moins grave.

« Ainsi, ce n'est qu'en passant que je remarque cette
inadvertance, d'après laquelle on insinue que cette
édition n'est nouvelle qu'en apparence. Cependant elle
est, comme le titre l'annonce, revue, corrigée ou refon-
due dans toutes ses parties. Jamais je ne tromperais
en rien le public, et ceux qui abuseraient de mon nom
pour le tromper, moi présent en France, ne le feraient
pas impunément.

« Mais vous avez dit : *l'adultère, le viol, suivant l'auteur, ne sont des crimes que par l'imperfection des lois
sociales. Ce que l'auteur appelle l'amour et les mœurs
ne serait que l'abandon le plus cynique à toute la dépravation que les sens peuvent conseiller.* Cependant j'ai
combattu avec des forces insuffisantes, mais avec toutes
celles dont je suis capable, l'adultère honteusement
toléré dans la société ; et quant au viol, je l'ai déclaré
crime et essentiellement crime. Sans doute, en cet
endroit je n'ai rien dit de nouveau ; mais en cet endroit
et en d'autres, j'ai dit expressément le contraire de ce
qu'on me fait dire expressément.

« Il en est de même sur le (et non pas les) crime de
Sodome, et sur d'autres objets moins essentiels.

« Le degré de confiance que le public peut donner à
tel ou tel journal en particulier ajoute à l'importance
des fautes qui s'y glissent, quand elles auraient pour
effet de signaler à l'animadversion des hommes de bien
celui qui au contraire n'écrit que pour eux.

« Je pourrais observer que cet article du 10 juillet a
été fait avec une précipitation difficile à comprendre,
mais je me borne à vous prier, Messieurs, d'insérer
ma lettre. »

La note qui contient et explique cette lettre rectifica-
tive est indiquée en tête de la deuxième édition des

Rêveries. A côté de cette indication se trouvent les suivantes :

« Les Rêveries nouvelles et autres parties de ce volume qui étaient inédites en forment presque le tiers. Le reste est partout réduit ou changé.

« La seconde partie d'*Oberman* ne sera point publiée : la première partie d'*Oberman* ne sera jamais réimprimée. »

Le volume porte pour épigraphe :

« Étudie l'homme et non les hommes. »

(PYTHAGORE.)

Ces quelques lignes sont les seules, à ma connaissance, où il soit question d'une seconde partie *possible* d'*Oberman*. Le livre tel que nous l'avons n'était donc pas complet dans la pensée de l'auteur ? Il impliquait des développements, peut-être un correctif. Quelle solution nouvelle nous aurait apportée cette seconde partie ? Aurions-nous eu un *Oberman réconcilié ?* Senancour a-t-il rêvé d'écrire, lui aussi, son *second Faust*, commentaire et rachat du premier ? Nous sommes réduits sur ces divers points à de pures suppositions, car ni dans les ouvrages ultérieurs, ni dans les notes intimes, dont la rédaction, commencée vers 1810, se poursuit assez tard, il n'est fait aucune allusion à ce qu'aurait pu être le dessein de cette partie complémentaire. Aucun regret non plus n'est exprimé.

Il n'en est pas de même pour la partie d'*Oberman* que nous connaissons, celle qui est devenue définitive. Je n'appuierai point à ce sujet, ayant eu déjà occasion de m'expliquer sur cette condamnation prononcée par l'auteur et devant y revenir quand j'aurai à parler de la résurrection littéraire d'*Oberman*. Qu'il suffise de remarquer que pour les philosophes pas plus que pour les politiques, le mot *jamais* n'a de valeur absolue.

Mais remarquons-le aussi, avant que Senancour revînt sur sa décision, un quart de siècle à peu près s'était écoulé : bien des choses avaient changé en lui et autour de lui.

Tout d'ailleurs ne lui paraissait pas mauvais dans *Oberman*. Nous en avons retrouvé des fragments considérables au livre *de l'Amour*. Il a tâché également d'en sauver un certain nombre de pages en les insérant dans la deuxième édition des *Rêveries*, mais ce mélange n'est pas d'un heureux effet. Tout entier à la partie morale de son œuvre, l'auteur n'a pas suffisamment compris que l'individualité d'Oberman donne de l'intérêt, une saveur particulière aux paroles qu'il écrit, mais que ces paroles, séparées des circonstances où elles sont nées et auxquelles elles s'appliquent, deviennent simplement des dissertations. Ajoutez que ces dissertations ne sont plus dans le ton des anciennes *Rêveries* au milieu desquelles l'écrivain leur fait prendre place. Elles expriment un autre moment de sa pensée ; la fusion ne s'opère pas. Il en résulte un livre hybride, inférieur aux premières *Rêveries*, dont il n'a pas l'âpre franchise, et qui restera inférieur aussi aux *troisièmes Rêveries*, plus souples de ton et plus larges de doctrines.

Ce qui est vraiment nouveau dans cette deuxième édition et d'une importance particulière, ce sont les pages intitulées : *Fragments sur deux siècles comparés ; sur la langue, etc. ; sur la sagesse religieuse et la sagesse naturelle, etc.*

Parmi beaucoup de considérations intéressantes que renferment ces fragments, les plus frappantes sont assurément celles où l'auteur s'est attaché à caractériser non seulement les principaux écrivains du xviiie siècle, mais encore l'esprit de ce siècle, son influence générale et très expressément ses rapports avec la Révolution

française. Les jugements sur Buffon, Montesquieu,
Rousseau, Voltaire, sont d'une parfaite justesse et d'une
mesure irréprochable. Il est regrettable qu'en reprodui-
sant ce morceau dans les *troisièmes Rêveries*, où il est
rejeté en appendice, l'auteur n'ait plus donné à cette
caractéristique la même étendue ni la même précision.

La réaction religieuse, très forte dans les régions
officielles, dénigrait avec acharnement le xviiie siècle
et s'en prenait à lui des erreurs, des crimes de la Révolution. Senancour ne laisse passer sans y répondre
aucun de ces reproches.

« Pourquoi, écrit-il, voyons-nous calomnier avec persévérance ce xviiie siècle, qui acheva d'assurer aux
Français seuls entre les modernes et entre tous les
peuples, le premier rang où s'étaient soutenus jusqu'alors un peuple rival et deux peuples anciens ?
Comment l'esprit de justesse et d'analyse déplaît-il si
fort au commun des hommes ? Pourquoi les gens de
goût le repoussent-ils avec un acharnement plus passionné, plus haineux que le simple entêtement du vulgaire ? Ne serait-ce point que cette recherche de la
vérité interrompt le cours des idées reçues, qu'elle
chasse les songes où la paresse avait placé son repos,
et qu'elle dérange l'attitude où l'on se trouvait endormi ?
Plus le sommeil était pesant, plus le réveil paraît
incommode. »

Si la pensée de Senancour est toujours sincère et
volontiers hardie, l'expression chez lui est parfois tellement circonspecte, tellement discrète, que même lorsqu'on est très familiarisé avec ses habitudes d'esprit
et de talent, on hésite à se prononcer sur sa véritable
intention. Ainsi, à cette réclamation en faveur du
xviiie siècle succède une sorte de défi qui semble viser
particulièrement les chefs de la réaction religieuse

d'alors, et ce défi paraît se compliquer d'un appel indirect à l'Empereur; mais que tout cela est voilé et enveloppé !

« Quelques hommes s'étaient facilement persuadé qu'un gouvernement assez puissant pour suivre une politique sage et pour choisir les moyens de perpétuer une grande puissance irait épouser les terreurs d'un pouvoir mal assuré, chercher avec passion l'assistance des plus frêles appuis, et repousser, comme ceux dont les ténèbres protègent les manœuvres, cette lumière qui doit au contraire éclairer toute sa gloire.... Il n'est qu'un moment pour tout ; les efforts les plus ingénieux ne ramèneront pas les temps de Charles IX. Le zèle de ces temps-là fut touchant ; mais avec moins de zèle, aujourd'hui, les mœurs sont moins atroces, les usages sont moins ridicules, les provinces sont moins divisées, l'État est plus puissant, le gouvernement est plus respecté, les peuples sont plus heureux, et le nom français a plus de gloire. Pardonnez au siècle qui prépara tant de prospérités. ... »

Le tour et le détour ne sont vraiment pas maladroits. Notre philosophe, qui n'est pas sans savoir que l'Empereur a peu de goût pour les *idéologues* et encore moins pour la Révolution, s'attache à prouver que le xviii⁰ siècle, le siècle de l'idéologie par excellence, est pour beaucoup dans la prospérité présente et n'est pour rien dans les horreurs révolutionnaires.

« Comment donc ose-t-on répéter tous les jours que les crimes de la Révolution furent l'ouvrage de la philosophie ? Les révolutions de Rome et tant d'autres furent-elles moins atroces ? Il n'y avait point en France d'institutions fixes ; il n'y avait point de gouvernement réglé pendant l'extrême rapidité des événements dans ces années funèbres. La sagesse eût pu régner : l'é-

tranger le craignit, il envoya la mort, qui n'en laissa
pas le temps. La violence des commotions politiques
hâtée par l'or, et précipitée par l'impatience du génie
français, incendia les ruines qu'elle devait ranimer.
Si le crime la suivit, c'est que la passion et le crime
eurent seuls assez de promptitude dans ces jours
d'ivresse.

« Il est d'une fausseté palpable que la Révolution
française soit une épreuve de la philosophie, qu'elle
nous en ait montré les résultats, que les philosophes
aient pu alors ce qu'ils eussent voulu, et que dans cette
tourmente ils aient fait l'expérience de ce que leur
autorité paisible eût produit sur les peuples.

« Il est également faux que la Révolution ait montré
à la terre des crimes nouveaux....

« Les crimes de la Révolution n'eurent d'autre cause
que les causes ordinaires du crime chez tous les
peuples dans les temps de crise ; on employa l'instrument qui s'offrit à la main, comme on en eût employé
d'autres, sans qu'il soit juste d'accuser l'ouvrier qui
avait poli, pour un travail utile, cet acier qu'on fit
servir au meurtre ; en France, pendant deux ou trois
années, quelques tyrans subalternes abusèrent de
certains mots, comme à trois cents lieues d'ici l'on
abusé, pendant dix siècles, de certaines phrases....

« Si les écrits de Montesquieu, de Jean-Jacques, de
Voltaire, ont été l'un des moyens de la Révolution, ce
n'est pas une raison d'admettre qu'ils en aient été la
cause. Cette cause était dans la situation des choses.
Le *Contrat social* ou le *Sens commun* n'étaient pas
plus nécessaires à la chute de Louis XVI qu'ils ne le
furent à celle de Charles Ier.

« Pourquoi rendre Jean-Jacques ou Montesquieu res-
ponsables de ce qu'ils n'ont ni désiré ni conseillé, de

ce que jamais ils n'eussent approuvé? Pour qu'une
révolution se fasse, il faut qu'un gouvernement soit
vieux et faible, ou qu'il soit oppresseur et corrompu. Il
faut qu'il se trouve un homme en état de profiter des
circonstances, et que des voisins l'appuient. Les
meneurs en second, payés par les puissants ou par les
ennemis extérieurs, se servent de ce qui se présente
pour exciter la foule ; ils crient Liberté ! comme ils
crieraient Religion ! tout est bon pour remuer les bras
de ces êtres à ressort qui savent également porter au
carnage un cilice ou le livre des *Droits de l'homme.* »

Senancour ne sera certes pas taxé d'être trop indul-
gent pour la Révolution ou les révolutionnaires, mais il
n'avait pas alors à faire acte de juge, puisqu'il se bor-
nait à dégager des excès de la Révolution ce qui lui
apparaissait comme légitime et durable dans l'influence
exercée par le xviii° siècle. Pour les excès et les barba-
ries, il a pleinement raison ; pour certaines erreurs de
direction, la distinction est moins exacte, et dans les
fâcheux contre-coups qui nous atteignent encore aujourd'hui, les écrivains de ce temps, dont la bonne foi
au moins philosophique ne saurait être mise en doute,
ont assurément leur large part de responsabilité. En
1809, on était encore trop près de la Révolution, pour
que même les plus sages en pussent juger avec calme
les hommes et les actes.

A vingt-cinq ans de distance (1834), dans une brochure
populaire, pleine de bons conseils et de saines appréciations, le *Petit Vocabulaire de simple vérité*, nous
trouverons le moraliste beaucoup moins absolu dans
sa sentence, beaucoup plus équitable. L'article *Révolutions*, qui mérite d'être lu en entier, peut se résumer
en ces quelques lignes :

« Les grands événements, et même quelquefois les

actes particuliers d'une révolution ne doivent pas être jugés d'après les convenances de l'état ordinaire.... considérez les révolutions comme vous considérez les guerres. Le plus intègre des hommes est obligé d'absoudre un soldat couvert de sang. Le juste doit aussi pardonner aux illusions des troubles civils. Jamais il ne s'y livre, et il ne prend point pour amis des hommes qui aient provoqué les excès ; cependant il excuse ceux qui, au milieu du désordre, peuvent avoir cru bien faire, comme le croit souvent un brave entraîné mal à propos sur un champ de bataille. »

Il est vrai que ceci était écrit après la Révolution de Juillet, et que les souvenirs de 93 commençaient à singulièrement s'effacer.

CHAPITRE VII

S'il y a de tout dans cette deuxième édition des
Rêveries, c'est qu'il y avait de tout aussi dans l'âme de
l'auteur à ce moment de son existence. Le caractère contradictoire de ces divers essais n'avait pas été sans le
frapper et l'inquiéter. Pour y donner une sorte d'unité,
il résolut d'y ajouter une quarante-quatrième *Rêverie*,
et, par le fait, il introduisit dans son livre une contradiction de plus.

Ce nouveau et dernier chapitre présente, comme on
en va pouvoir juger, sinon une conclusion, ce mot-là
avec Senancour est toujours prématuré, à coup sûr
une très nette affirmation de déisme. Ce qu'il y a de
curieux, c'est que cette déclaration est une réponse à
des commentaires qui ne sont pas venus jusqu'à nous,
mais qui n'étaient dénués ni de justesse ni de probabilité.

« Ils ont dit, ici-bas, ceux de qui je n'ai pas été
compris, ils ont dit que je ne reconnaissais point de
Dieu; mais ont-ils entendu ce mot, Dieu, lumière,
ordre, vie ! Si Dieu n'est pas, quelque chose peut-il

être? Puissance de l'être subsistant et réglé ! un pressentiment de l'ordre me prosterne à ta vue, mais si j'en avais une connaissance moins imparfaite, je serais anéanti devant toi, ô Immuable !

« .... Quelle que soit la faiblesse de ma pensée, pourquoi m'accuser de délire avec tant de précipitation ? Je ne me suis point fait un Dieu ridicule ; je n'ai point avili l'étincelle sublime qui est en moi; je n'ai point blasphémé le nom saint; je n'ai point cherché Dieu dans les images que les artisans fabriquent, mais je l'ai adoré dans l'univers : et telle est la misère de l'âme humaine, que les consciences scrupuleuses s'alarment quand on ne croit pas à leur manière; elles veulent qu'on fasse Dieu inquiet et passionné comme nous, elles ne veulent point qu'on s'avance d'un pas dans l'infini pour s'approcher de lui. Si on le fait grand, disent-elles, c'est pour s'en éloigner ; à les croire, si Dieu est impassible, la moralité n'a plus de base.

« ....Dès mon enfance, je me suis senti sous l'œil de l'inaltérable vérité ; et il m'est impossible de concevoir qu'il y ait quelque chose de bon, si ce n'est le vrai, ou quelque chose de réel hors de l'harmonie universelle. Principe infini d'ordre et d'existence, Dieu ou Vérité ! serait-ce étant homme, que je rentrerais sous le voile qui couvre les organes débiles de l'enfance et de la brute; ou serait-ce en voyant, que je m'efforcerais de ne point voir ? Me dirais-je, voilà le jour, et je veux croire à la nuit. »

L'importance de ces pages est extrême. Bien des conséquences s'en dégagent en sens divers.

Le fait d'une expresse affirmation déiste chez Senancour, que nous reportions à 1819, se trouve maintenant fixé dix ans plus tôt. Mais voici qui est plus grave : Senancour se plaint que dans les ouvrages précédents : *l'Amour, Oberman, les Rêveries*, on n'ait pas su reconnaître la doctrine ou du moins l'aspiration déiste.

Pour *Oberman* et *l'Amour*, je doute fort qu'il soit possible d'y distinguer une pensée déiste. Je me sers à dessein de ce mot déiste et je ne le confonds pas avec pensée religieuse. Lorsque Senancour nous dit que dès l'enfance il a été très religieux, nous ne faisons aucune difficulté de le croire. Cela s'accorde même avec les souvenirs d'un de ses jeunes camarades, le père du docteur Wanner, avec lequel le futur philosophe, dans ses promenades à travers la campagne, s'amusait à construire des petites chapelles, à dresser des reposoirs, à simuler des processions. Mais cette dévotion n'alla pas très loin s'il est vrai que, comme le veut la légende, un refus d'entrer au séminaire ait causé le premier dissentiment entre le père et le fils.

Venons au fond même de la question. Si Dieu n'est point absent des ouvrages de Senancour dans sa période initiale, comment se fait-il que ni les contemporains, ni Sainte-Beuve, ni Vinet, ni de plus récents commentateurs, nourris et comme imprégnés de cette lecture, impartiaux presque toujours et souvent sympathiques, se soient montrés inhabiles à l'y découvrir ? Sainte-Beuve, dans son article de la *Revue de Paris* en 1832, article si fréquemment réimprimé depuis, a qualifié ainsi les *Rêveries* : « Un livre d'athéisme mélancolique, que Rousseau aurait pu écrire comme talent, que Boulanger et Condorcet auraient ratifié comme penseurs. » Senancour, qui a eu ce travail sous les yeux et qui, sur plusieurs points, a esquissé des notes rectificatives, laisse passer cette assertion sans protester.

Est-ce à Dieu qu'il pensait dans ses premiers ouvrages, notamment dans les *Rêveries*, quand il insistait sur la « triste et indéfinissable opposition du *tout* permanent et sublime à l'individu souffrant et mortel? » Il nous le dit, et sa parfaite sincérité étant hors de doute, il faut le croire. Remarquons cependant que ce Dieu dont le nom n'est point prononcé ressemble fort à la fatalité aveugle. Il n'est ni paternel, ni bienfaisant, ni efficace, rien de ce qui concorde avec l'idée d'un Dieu providence. « Le tout existe seul absolument, invinciblement, sans autre cause, sans autre fin que lui-même, sans autres lois que celles de sa nature, sans autre produit que sa permanence. » Ceci est du panthéisme et non pas du déisme. En est-ce davantage que la phrase suivante? « N'apprendrai-je pas du moins quel est cet être qui eut besoin de moi pour me détruire, qui me donna les désirs pour me donner les regrets, et l'intelligence pour que je connusse ma misère? »

En réalité, ce qui domine dans les *Rêveries*, c'est la conception d'une Nature absorbante, inconsciente, éternelle, inéluctable dans ses effets, sauvagement puissante, « sans dessein et sans liberté. » Sur *Oberman* aucune pensée surnaturelle ne peut planer, puisque, dans ce livre, l'auteur se proposait de mettre l'homme en face de lui-même, sans appui ni secours d'aucune sorte [1]. Enfin dans l'*Amour*, s'il y a un Dieu ou plutôt une Déesse, c'est l'*alma Mater*, la *Venus genitrix* des Latins, l'*Aphrodite* des Grecs, la force qui circule, qui embrase et qui unit [2].

Ce qu'il y a de rigoureusement exact, ce que Senancour peut invoquer et ce à quoi certainement il pensait

---

[1] L'auteur anonyme des articles insérés en 1833-1834, au *Semeur*, fait remarquer que dans *Oberman* il n'est pas une seule fois question de Dieu.

[2] Sans oublier la Mort, cette terrible sœur de l'Amour, qui forme la conclusion de toutes les éditions.

quand il a écrit la page si affirmative des *Deuxièmes
Rêveries*, c'est qu'il s'est toujours appuyé sur l'idée de
l'ordre et qu'il y a constamment ramené ses préoccupations et ses préceptes. Sainte-Beuve a dit quelque
part que le mot favori de l'auteur d'*Oberman*, celui qui
trahit sa plus secrète aspiration et pourrait lui servir
de devise, est *permanence*. Il me semble plutôt, toute
vérification faite, que c'est *ordre*. Le penseur qui s'attache à l'idée d'ordre possède, si l'on peut s'exprimer
ainsi, la racine religieuse. Ordre, loi, intelligence, conscience sont des termes qui s'impliquent et s'enchaînent.
Tôt ou tard, quiconque croit à l'ordre croira à l'ordonnateur ; quiconque admet des lois admettra un législateur. S'il y a une Intelligence dans l'univers, elle ne
saurait être inconsciente, car on peut dire que la
conscience, la réflexion, le retour de soi sur soi est la
pensée de la pensée.

Que toutes ces notions, que toutes ces conséquences
fussent contenues dans l'ordre tel que l'entendait
Senancour, cela est plus que probable; mais qu'il les
y aperçût nettement, qu'il fût disposé à les en déduire
en 1799, en 1804, en 1806, avec autant de résolution
qu'en 1809, c'est une illusion qu'il se fait, illusion respectable sans doute, mais illusion. C'est peu à peu que
d'un sentiment surtout philosophique, mais à base de
religion, il est arrivé à un sentiment profondément et
expressément religieux. L'immortalité dans les *Premières Rêveries* est traitée de chimère. L'existence du
moi est expliquée d'une façon qui, en définitive,
l'annihile.

« Tout composé a le sentiment de son être, mais les
plus organisés ont seuls le sentiment du *moi* ou de la
succession des sentiments produits par les impulsions
qu'ils ont reçues, et productifs des impulsions qu'ils

ont données.... *Le moi* de tout être organisé n'est donc autre chose que cette succession d'impulsions qui doit nécessairement finir par la décomposition des organes, comme elle a nécessairement commencé lors de leur formation. »

Il a donc fallu à Senancour tout un travail intérieur, fort considérable, fort compliqué, pour arriver à dégager de la notion d'ordre les trois termes de l'élément religieux : un être *effectif* qui est adoré, un être *effectif* qui adore et dont la consistance est d'autant plus grande qu'une durée indéfinie lui est assurée. Sans l'immortalité, en effet, la personnalité est chétive et se perd dans les accidents misérables de la transition terrestre. Dieu, le Moi, l'immortalité : voilà le couronnement qui nous apparaîtra en sa tardive sérénité dans les *Libres Méditations* et les *Troisièmes Rêveries*. Nous ne nous sommes donc trompé ni en signalant une très réelle, une très intéressante évolution chez Senancour, ni en affirmant l'essence religieuse de son inspiration [1].

Quelles que fussent d'ailleurs la nature et la force de l'impulsion qui entraînait Senancour vers le déisme à cette époque de sa vie, il ne paraît en avoir reçu, immédiatement au moins, aucun bienfait moral. C'est ce qui résulte des notes biographiques qu'il commença d'écrire vers 1810. Ces notes, qui devaient fournir des indications pour des mémoires en quelque sorte intellectuels, ont été connues de Sainte-Beuve, qui en a donné la substance et la fleur dans *Chateaubriand et son groupe littéraire sous l'Empire*, et surtout au tome premier des *Portraits contemporains* (réimpres-

[1] *Une Évolution philosophique au commencement du XIX° siècle, Senancour*, Mémoire lu à l'Académie des sciences morales et politiques dans les séances des 4 et 11 février 1888.

sion de 1869). Il constate lui-même, à plusieurs reprises, dans ces documents intimes, des suppressions et des mutilations qui proviennent de la personne même ou ont été exécutées d'après ses instructions. J'ai entre les mains ces notes, qui m'ont été données par Mlle de Senancour, et dans ces enveloppes de papier gris qui devaient renfermer plus d'une confidence, je regrette de constater aussi des disparitions déplorables. Je lis, par exemple, sur la couverture d'un petit dossier, les mots suivants écrits de la main de Senancour :

« Sur les motifs.

« Notes isolées, explication de certains faits et réflexions sous des rapports personnels. »

Une étiquette attachée sur la couverture porte une indication autographe : « Il y a beaucoup à brûler. »

Mlle de Senancour a écrit à l'encre :

« Ces notes ou mémoires ont été regardés en 1822 et 1838. On y a mis quelque ordre. »

Puis viennent au crayon des lignes à peine lisibles :

« Notes laissées par notre père — à détruire en grande partie sans doute. »

Enfin et de la main de Sainte-Beuve, à l'encre rouge : « insuffisants. »

Voilà bien des choses sur une couverture, mais, hélas ! le contenu du dossier n'y correspond guère. Des sommaires très secs excitent la curiosité sans que rien ensuite vienne la satisfaire. Ainsi nous lisons sur un feuillet à l'intérieur :

« Notes pour les années 14 août 1789 — 31 décembre 1869, donc 20 ans 4 mois 1/2. — Pour ce qui précède août 1789, voir le cahier intitulé *dates*, etc. — Ces notes rappellent seulement les dates, les circonstances, en attendant des explications. »

Observations personnelles.

« Ces notes n'ont pas été rassemblées dans le dessein d'en faire des Mémoires, mais comme souvenirs à mon usage surtout.

« Elles devenaient longues, j'en supprime la plus grande partie.

« J'y ajoute des remarques pour éviter de certaines erreurs biographiques, telles que par exemple cette supposition entièrement fausse que j'aie été mal avec mon père. »

Malheureusement tout cela manque. Cette date du 14 août 1789 était fort importante dans la vie de Senancour, puisque c'est ce jour-là qu'il quitta la France avec sa mère, pour n'y revenir qu'à de rares intervalles pendant dix ans, et ne s'y fixer de nouveau qu'en 1803. Le cahier qui précède 89 nous aurait fourni sur la période de jeunesse des renseignements précieux. Tout ce qui aurait trait aux courses en Suisse, aux périls courus pendant la Révolution, aux pertes successives de fortune, qui finirent par amener une gêne constante et accablante, à un mariage non expliqué et auquel aucune allusion n'est jamais faite (Senancour ne nomme sa femme qu'une fois, en passant), tout cet ensemble d'informations fait défaut. Dans ce qui reste à côté, il faut distinguer deux parties : 1° un essai incomplet, fragmentaire, tourmenté, parfois obscur à dessein, d'analyse morale personnelle; 2° une bibliographie très complète, indispensable pour se guider, pour se retrouver dans un dédale de productions diverses, de réimpressions et de rééditions, chargées de variantes, modifiées à l'infini. Sainte-Beuve a beaucoup pris dans la première partie, sans l'épuiser toutefois. J'aurai plus loin à en donner des fragments. Je me servirai davanlage de la seconde partie, assez explicite pour les dernières années. En ce moment, je veux me borner à constater l'état d'âme que traversait Senancour, un état que nous font connaître non seulement les notes intimes publiées par Sainte-Beuve, mais aussi les travaux publiés ou entrepris de 1808 à 1814 : la deuxième édition des *Rêveries* (1809), le fragment *sur l'Amitié* (*Mercure de France, 1811*), et les *Observations sur le Génie du christianisme*, ébauchées probablement depuis longtemps, mais rédigées depuis 1811, et qui ne devaient paraître, non sans obstacles, qu'en 1816.

La dure souffrance de Senancour en ces années, souffrance qui ne devait guère s'adoucir jusqu'à sa mort, bien qu'il ait fini par s'y accoutumer et s'y résigner, fut l'extrême médiocrité de ses ressources. Il fait dire à son Oberman : « Pour n'être pas vraiment malheureux, il ne faut qu'un bien ; on le nomme raison, sagesse ou vertu. Pour être satisfait, je crois qu'il en faut quatre ; beaucoup de raison, de la santé, quelque fortune, et un peu de ce bonheur qui consiste à avoir le sort pour soi. »

D'après ses propres aveux, trois au moins de ces conditions de bonheur ont été refusées à Senancour :

« Le défaut de force dans les membres, l'impossibilité de dire : « Je vivrai dans toutes les situations où un homme peut vivre ; » cet assujettissement joint à l'immense difficulté de soutenir une femme, des enfants, sans revenus fixes, sans autres moyens que des débris à recueillir à des époques inconnues, sans état (même très longtemps sans papiers et sans droits de citoyen), sans dettes, sans aucune intrigue, surtout aussi avec le sort contre soi, avec ce qu'on appelle du malheur (excepté la faveur marquée du sort en 1798 et en quelques autres circonstances rares), tout cela a rendu ma vie morale laborieuse et triste. »

Plus loin, il explique en quoi ce manque de ressources l'a fait particulièrement souffrir.

« Celui qui ne verrait dans la pauvreté, dans la ruine,
que l'effet direct de la privation d'argent et ne ferait,
par exemple, que comparer le dîner que l'on fait avec
seize sous au dîner que l'on fait avec seize francs, n'aurait aucune idée du malheur, car la non-dépense est
le moindre mal de la pauvreté. »

Et ailleurs il avait écrit :

« Le dénuement, la gêne, l'incertitude lient les mains
dans les choses mêmes que l'argent ne fait pas. On ne
peut s'arranger en rien....

« Il n'y a point de bonheur domestique sans une certaine surabondance, nécessaire à la sécurité.

« Avouons que l'on est bien sur la terre quand
on peut et qu'on sait. Pouvoir sans savoir est
fort dangereux ; savoir sans pouvoir est inutile et
triste. »

Au travers de réflexions un peu confuses, on entrevoit que Senancour avait, un instant au moins, comme
la plupart des hommes de sa génération, songé à l'action matérielle immédiate. Il avait dû être présenté au
général Bonaparte, l'accompagner en Égypte, et déjà
il rêvait de se jeter dans le désert parmi les Arabes. Les
circonstances s'opposèrent à ce projet. Il fallut se rabattre sur l'action philosophique et morale, devenir
écrivain, mais là encore des déceptions se présentèrent.
Certains ouvrages ne rencontrèrent que l'indifférence,
d'autres furent mal compris. L'influence exercée, très
lente, était à peine sensible. L'auteur manquait de toute
habileté dans ce genre que les modernes ont peut-être
perfectionné, mais qui a existé de tout temps et que
l'on appelle la réclame. On le lui a reproché et il se le
reprochait lui-même.

« Je sens que mes écrits auraient pu être utiles, si je les avais fait connaître davantage, mais faire beaucoup de pas pour le succès me paraît peu digne des arts mêmes, à plus forte raison de l'art par excellence, celui d'écrire pour le bonheur des hommes.

« On peut voir en dix endroits du *Journal de l'Empire* même et, entre autres, le 27 juillet 1812 (à propos de Chênedollé), combien l'intrigue est nécessaire aux succès dans la littérature. A plus forte raison des livres dont le sujet et la manière conviennent très peu au xixe siècle français ne peuvent-ils *faire sensation* dans le public. »

Ainsi donc cet auteur, peu travaillé d'une maladie si commune aux hommes de lettres, ne souhaitait le succès que dans une vue d'efficacité morale, mais sans se dissimuler que, sous ce rapport, ce succès est indispensable. Deux passages d'*Oberman* nous éclairent pleinement sur sa pensée à cet égard :

« La fermeté de celui qui périt au fond des eaux est un exemple perdu ; la pensée la plus juste, la conception la plus sage le sont également, si on ne les communique pas ; leur utilité dépend de leur expression, c'est leur célébrité qui les rend fécondes. »

Et pourtant si cette célébrité ne vient pas, si le public fait la sourde oreille ou simplement s'il hésite à se décider, faudra-t-il se décourager, renoncer à la lutte ? Le moraliste ne le pense pas :

« S'il ne suffit pas de dire des choses vraies et de s'efforcer de les exposer d'une manière persuasive, je n'aurai point de succès : voilà tout. Je ne crois pas qu'il soit indispensable d'être approuvé de son vivant, à moins qu'on ne se voie condamné au malheur d'attendre de sa plume ses moyens de subsistance. »

En avançant dans la vie, Senancour ne devait pas

échapper complètement à ce qu'il nomme un malheur, à ce qui certainement est souvent une entrave plutôt qu'un aiguillon, une cause de déviation, parfois d'irréparable retard dans l'accomplissement de la destinée. Il dut accepter des travaux de librairie dont nous aurons plus loin à dire quelques mots, de fastidieuses collaborations à des dictionnaires biographiques, ses ouvrages de philosophie ne lui ayant probablement rien rapporté. Les papiers intimes sont absolument muets sur ce chapitre, le plus important de tous, je pourrais dire le seul important pour la plupart de nos écrivains. Disons tout de suite que, même dans ces travaux de compilation, il porta l'esprit d'exactitude, de conscience et les habitudes moralisatrices qui sont l'honneur de ses principales productions. Dans les dernières années de la Restauration, il prit une part assez active à la rédaction du *Constitutionnel*, où l'avait fait entrer l'amitié de M. Jay, de l'Académie française, et où il vit débuter M. Thiers, amené là par Manuel. Si cette collaboration, anonyme comme elle l'était alors, ne procura pas beaucoup de célébrité ni de fortune à Senancour, elle lui permit au moins d'exprimer quelques-unes de ses vues sur la politique, qui, sauf de rares occasions, lui était ordinairement demeurée étrangère.

Suivant la rigueur des principes, mais assurément sans aucune arrière-pensée d'application immédiate et positive, Senancour était l'adversaire des grands États. Dans l'organisation, dans le fonctionnement de nos immenses agglomérations modernes, il trouvait quelque chose de factice ou, à mieux parler, de fictif. Il évite avec soin d'employer les mots royaume, république ou empire, et de préférence il se sert du terme vague de cité, qui laisse plus de liberté à sa critique. Grâce à cette apparente réserve, il dirige contre les formes politiques compliquées qui régissent nos civilisations des objections très fortes. On en aura une idée dans ces quelques lignes :

« La véritable liberté sociale est impossible aux grandes sociétés. » (*Premières Rêveries.*)

« C'est n'avoir aucune vraie notion des choses ou des hommes que de prétendre changer en une cité dix millions de sujets. » (*Deuxièmes Rêveries.*)

« Il y a quelque chose de burlesque dans ce mensonge politique qui promet l'égalité devant la loi. Quel siècle a jamais eu un historien qui ait osé dire : Dans mon pays, un manœuvre et un millionnaire, un grand et un mendiant sont traités par la justice avec une constante égalité? Et quel pays de dix millions d'hommes pourra-t-on citer qui n'ait pas eu des millionnaires et des mendiants? »

Dans les développements qui suivent, développements très ingénieux et de rigoureuse logique, le philosophe reprend à son compte et pousse jusqu'au bout cette théorie de Rousseau, que, dans un grand État, un gouvernement républicain qui restera fidèle au principe de la République sera renversé. Il ne pourra se maintenir qu'en employant des moyens antirépublicains, c'est-à-dire l'inquisition, la répression, la force. Avec son maître, il conclut contre les grandes républiques :

« On prétend qu'il y a eu de grandes républiques. Apparemment ce n'est pas sur ce globe-ci. Les républiques grecques étaient de fort petits États. La république romaine n'a point eu d'existence réelle, surtout lors de la puissance de Rome... Si jamais la république subsista dans de grands pays, ce fut par le fédéralisme, c'est-à-dire qu'il n'y eut jamais que de petites républiques. »

L'instinct de Senancour le porterait donc de préférence vers une sorte de gouvernement patriarcal, élémentaire, ayant la commune ou le canton pour base, et la fédération pour lien. Il avait pu voir en Suisse cette organisation fonctionner à souhait. Un tel mode de gouvernement était d'ailleurs en accord avec les données d'une philosophie qui ramenait tout à une extrême simplification.

Une semblable conception faisait de lui un médiocre admirateur d'une république centralisatrice, autoritaire jusqu'au terrorisme. On pourrait croire que cette façon de penser l'éloignait aussi de Napoléon, et l'on se tromperait. C'est en effet que, si Senancour, au point de vue d'une combinaison politique et sociale, n'estimait rien à l'égal d'un primitif clan rustique, il croyait, d'après l'histoire des sociétés antiques, étudiée avec complaisance, et d'après un secret penchant qui mêlait un grain d'impériosité au libéralisme de son esprit, il croyait à l'action nécessairement bienfaisante de l'homme de génie tenant dans ses mains les tables de la loi et le glaive de la force, d'un réformateur à la Moïse, à la Zoroastre, entrevu à travers les éblouissements de la légende. Ce rôle est le seul qui eût pu personnellement le tenter; il y fait souvent allusion dans les œuvres de sa jeunesse. Napoléon ne répondait assurément pas à un pareil idéal. On a même longtemps considéré l'abstention de Senancour sous le régime impérial comme une protestation tacite. Sainte-Beuve est tombé dans cette erreur, que semblaient justifier quelques blâmes formulés çà et là contre les conquérants. Quoi qu'il en soit de la réserve gardée par Senancour durant l'Empire et des motifs de cette réserve, il n'est plus permis à ceux qui ont entre les mains une certaine série de brochures politiques de le ranger parmi les adversaires implacables de Napoléon ou même parmi les mécontents systématiques. Ce n'est pas un partisan; souvent c'est un juge; parfois un admirateur: jamais un détracteur.

Les quatre premières brochures ont été publiées en 1814. Voici quels en sont exactement les titres: *Lettre d'un habitant des Vosges sur MM. Buonaparte, de Chateaubriand, Grégoire,* etc. *Seconde et dernière lettre d'un habitant des Vosges, publiée par M. de Senancour,* avec cette remarque en regard du titre: « Quand l'auteur d'un écrit qui peut donner lieu à quelque responsabilité ne veut pas y mettre son nom, il me paraît assez convenable que du moins celui qui se charge de le publier le signe. Senancour, éditeur; » *Simples observations soumises au congrès de Vienne et au gouvernement français par un habitant des Vosges, publié par M. de Senancour; juin et 14 juillet 1814.* Cette dernière brochure est signée l'Habitant des Vosges et datée du 29 juin 1814. Le 14 juillet n'y figure qu'en vertu d'une évocation de rhétorique. Viennent ensuite deux autres plaquettes: *De Napoléon, publié par M. de Senancour,* sans date, mais évidemment écrite pendant les Cent-jours; *Quatorze juillet 1815* (une demi-feuille d'impression) signé Senancour, éditeur. Ajoutons à cette branche toute spéciale de sa production un article nécrologique sur *Napoléon Bonaparte,* extrait de la trente-septième livraison de l'*Abeille.*

Senancour habitait-il réellement les Vosges au moment de la première invasion? On est assez porté à le croire, quand on voit dans la suite des *Notes intimes* sous la Restauration Épinal, Remiremont, Plombières désignés comme des lieux connus et familiers. Or, la *Seconde lettre* porte la date de Remiremont, le 30 mai 1814. Ce qu'il y a de certain, c'est que les deux premières

brochures respirent ce sentiment de susceptibilité patriotique, si fréquent et si naturel chez les habitants
des frontières. La donnée fondamentale est celle-ci :
1° les alliés, s'ils désirent que la paix soit durable, ne
doivent point pousser trop loin leurs avantages, humi-
lier ou démembrer la France ; 2° un état de choses
satisfaisant peut sortir de cette catastrophe pourvu
que l'on renonce à toute pensée de retour vers le passé.

« La paix ne sera jamais qu'une suspension d'armes
tant que la France se verra réduite à la rompre pour
n'être pas avilie....

« Pour que l'Europe jouisse d'une longue paix (si
quelque chose peut la prolonger entre les fils aînés de
la grande famille des hommes), il faut que les conditions
de la paix soient convenables, et qu'elles donnent de
grandes espérances....

« Le congrès, dernier espoir de l'Europe, sentira-t-il
la grandeur des circonstances ; verra-t-il que la révolution française n'est pas une crise accidentelle qu'il
faille seulement apaiser, mais un effet convulsif d'un
mouvement général? Ce mouvement, il ne s'agit plus
de le réprimer ; il faut le régulariser avec prudence. De
certaines tentatives pour ramener les vieux temps de
l'Europe ne sont guère plus raisonnables que ne le
furent, au milieu des arts et du luxe, les projets des
niveleurs romains, anglais et français....

« Sans l'indépendance au dehors et une liberté régulière au dedans, tout perfectionnement moral devient
impossible. Les machinations de la vieille politique et
les guerres inutiles, la corruption et l'intrigue continue-
ront à désoler, à avilir ce grand corps des sociétés
européennes qui devrait être un modèle pour les autres
parties du globe.

« Ce serait la gloire du xix° siècle de retirer de véritables fruits d'un rapprochement général, qui autrefois eût paru chimérique, et qui peut être rare encore. Mais le courage de l'esprit semble accordé à moins d'hommes que le courage militaire. »

La véritable conclusion qui marque nettement la direction adoptée par Senancour, direction de laquelle il ne s'écartera jamais, tient dans la phrase suivante :

« Le monde européen se trouve partagé entre l'esprit des siècles qui ne connaissaient pas l'imprimerie, et celui des siècles qui la connaissent. »

Louis XVIII est visé dans une note placée au bas de la page et qui complète cette phrase :

« On a fait à l'un des rois qui viennent d'être rétablis sur leurs trônes des reproches d'ingratitude. Ce monarque a d'autres torts plus certains. Il peut avoir jugé que les *hérétiques* (anglais, prussiens, etc.) avaient eu leurs raisons particulières dans les services qu'ils lui avaient rendus : mais il est impardonnable d'avoir montré trop promptement, trop à découvert, des intentions du xive siècle. »

L'auteur ne dit que quelques mots en passant sur Napoléon, auquel il reproche d'avoir mis trop de confiance dans le fait et d'avoir trop oublié la loi morale, mais il s'y était étendu dans la *Seconde lettre*. Et voici en quel langage digne il s'exprimait sur le souverain qu'il n'avait ni servi ni flatté, tandis que se déchaînaient et se délectaient en de basses injures tant de ses anciens admirateurs.

« Les destinées humaines sont inépuisables. La fortune semble revenir, il est vrai, sur les traces du passé, mais c'est un cercle qu'elle agrandit tous les jours dans les écarts imprévus de sa marche à la fois antique et nouvelle. Maintenant elle veut qu'un homme qui fit des choses éclatantes, et qui fut revêtu d'un grand pouvoir,

survive à ses desseins. Il voit sa marche suspendue
tout à coup ; ce rapide mouvement ne l'agite plus, et
l'avenir paraît lui manquer ; il se cherche lui-même
dans ce qui vient de finir, il demande à son génie inflexible, mais déconcerté, comment elles sont devenues
stériles, ces années irrévocables. Dans la force de l'âge,
impatient au milieu du silence, il revoit sa longue erreur. Réduit à une force vulgaire en présence du temps,
il est là sur un rivage dont la paix l'inquiète, et dont
les bornes l'indignent : il écoute les reproches, il laisse
tomber les viles imputations ; il attend le jour prochain
où, après tous les murmures, la voix de quelques hommes justes lui annoncera les sévères jugements de la
postérité. »

Donnant alors à sa pensée le recul des années pour
embrasser une perspective plus étendue, l'auteur de la
Lettre suppose que le fils de l'Empereur pourra devenir un jour le souverain d'un grand État « sur quelque
rivage éloigné. » Puis continuant et développant son
hypothèse, il place Napoléon en face de son fils et lui
fait tenir un discours rempli de sagesse, dont la conclusion est qu'il faut consulter les mouvements de l'opinion
et les satisfaire dans ce qu'ils ont de légitime, et non
mettre son orgueil, employer sa force à lui résister.

« Vous devez favoriser l'impulsion des esprits ; il
convient mieux à un prince qui veut être illustre de
marcher ainsi à la tête de ses contemporains que de
chercher à suspendre le mouvement des âges. Mon fils,
il faut aujourd'hui que l'autorité soit morale pour qu'elle
soit vénérée.... »

Ce Napoléon idéal, ou du moins idéalisé, terminait
son discours en exprimant le regret, assez singulier
dans sa bouche, quand on connaît le véritable caractère
de l'homme, de n'avoir pas rencontré un ministre qui

lui eût fait entendre le langage de la modération et du libéralisme :

« Il m'eût montré, dans les bénédictions des peuples, une autre source de gloire : mon humeur altière, et peut-être un peu dure, ne me l'indiquait point, cependant ma raison ne l'eût pas méconnue. Après deux ou trois années de combats, l'Europe instruite de ma fermeté, convaincue de ma modération, aurait enfin joui du repos, et l'intérêt contraire d'une seule puissance n'aurait pu s'y opposer. Aussi fort, aussi actif que Charlemagne, chef comme lui d'une dynastie nouvelle, mais faisant, dans un siècle plus avancé, des choses plus utiles, j'aurais déterminé l'application de ce mot : *Je viens après* MILLE *ans changer ces lois grossières.* Mon fils, j'ignore si je régnerais aujourd'hui, si ce travail trompeur me serait encore imposé ; mais je sens que j'aurais eu des heures heureuses, et que j'ai trop tard pressenti les vraies jouissances d'un grand prince. »

Sous une forme un peu étrange, Senancour manifeste ici une disposition qui correspondait à celle de beaucoup de ses contemporains. Sans doute on était las, excédé de guerres atroces et d'absolutisme, mais d'autre part, on craignait beaucoup un retour aux errements, à l'esprit de l'ancien régime, une revanche officielle de la contre-révolution. On se prêtait malaisément à l'idée d'une France amoindrie, perdant ses nouvelles conquêtes et reniant ses nouveaux principes. Pacifique et libéral : tel devait être le gouvernement que la France accepterait. Voilà le programme que l'on traçait à Louis XVIII et, qu'à son défaut, l'on croyait pouvoir encore proposer au glorieux captif de l'île d'Elbe. La Charte octroyée rassurait peu. On demandait davantage au roi.

« Qui peut croire, écrivait Senancour dans le petit

opuscule intitulé *Juin et 14 juillet 1814*, à la liberté des cultes et de la presse, et à l'indépendance réelle de je ne sais quelle Chambre un peu législative, sous un roi qui est roi par la seule grâce de Dieu, et qui même a été roi durant dix-neuf ans sans que la grâce se manifestât. Tout ceci est disparate.... »

Et il ajoutait, poursuivant son hypothèse, dont la réalisation, au fond, lui semblait peu probable :

« Je suppose un 14 juillet (un quart de siècle s'étant écoulé depuis le moment le plus mémorable des premières époques d'une révolution dont le terme et le dernier résultat sont encore douteux), je suppose le roi déclarant que tout ce qui a été fait à son arrivée était soumis à ces premières circonstances et ne le satisfaisait pas lui-même, que connaissant mieux chaque jour le vœu des Français pour l'ordre public et le repos intérieur, mais aussi pour la force et la dignité de la France, il hâte le moment où il avait pensé que l'on pourrait tout constituer, et qu'ainsi l'on procédera dans tout le royaume à la nomination de représentants chargés de rédiger une constitution conforme à la disposition générale des esprits dans une grande partie de l'Europe. »

L'indifférence ou plutôt l'hostilité de la Restauration en présence de pareils vœux contribue à expliquer l'extrême facilité avec laquelle s'accomplit le mouvement des Cent-jours, et l'accueil favorable que firent à Napoléon des libéraux tels que Sismondi, Benjamin Constant et Senancour. La brochure *De Napoléon* témoigne fortement de cet état d'esprit et en reçoit une importance historique.

Les motifs qui ont dicté ces pages à Senancour sont des plus simples et des plus honorables. Il les expose avec une courageuse candeur :

« Je n'ai pas vu sans impatience que, depuis la re-

traite de l'Empereur, on voulût l'abaisser. L'eût-il mé-
rité même, cela n'eût pas convenu à des Français; trop
d'idées se rattachaient au souvenir de sa grandeur. J'ai
toujours été loin d'aimer sans réserve son administration, mais enfin *la superbe France était avec lui...*.

« Je parle avec l'indépendance qui appartient aux
hommes dont les intentions sont droites; et j'y joins
l'entière liberté du moment, cette liberté que le passage
d'une situation politique à une autre situation peut
laisser à quiconque n'a fait aucune promesse et n'a reçu
aucune faveur. Placé, pour ainsi dire, hors des rangs
de la société par mes habitudes presque solitaires, je
ne dois dans de tels moments au chef de l'État que
cette considération profonde, mais raisonnée, qu'ins-
pirent les hommes supérieurs...

« N'ayant appartenu en aucun temps à aucun parti,
je ne puis avoir d'autre premier désir que de voir les
Français écouter le chef que la nature des choses nous
présente comme le seul homme qui, au point où l'on
est parvenu, puisse à la fois calmer et soutenir l'État. »

Le fond des idées est à peu près le même que dans
les opuscules précédents, avec cette différence que l'é-
loge de Napoléon s'y accentue plus nettement, puisque
tout ce qui était posé auparavant comme une hypothèse
presque irréalisable devient en quelque sorte une proposition ferme et qui pourrait entrer dès le lendemain
dans le domaine des faits.

« Malgré des écarts, des violences et des fautes, *Napoléon est le prince du siècle.* Si vous voulez une république, assemblez donc les citoyens, et que toutes
choses soient ce qu'elles devaient être. Que si, ne pouvant réunir tous les Français dans un pré comme les
hommes de Schwitz, ou dans la place publique comme
divers peuples de l'ancienne Europe, nous voulons à la

fois et un chef et des lois du XIX⁰ siècle, Napoléon peut
être ce chef....

« Ceux qui pensent que Napoléon, en restant consul,
eût été plus puissant, ne disent pas une chose déraison-
nable. Le système contraire lui a ôté l'avantage d'être
visiblement l'homme du XIX⁰ siècle ; alors il n'a pu opposer à l'esprit des vieux temps, aux maximes dont une
grande puissance se sert contre les autres, sans les adopter pour elle-même, il n'a pu opposer aux antiques habitudes que sa fortune personnelle, qui n'excluait pas
la possibilité d'un grand revers.

« Cependant, l'empereur lui-même n'est pas connu,
et je ne juge ici que d'après des notions peu certaines.
On ne peut dire que par sa conduite il se soit déclaré
irrévocablement : on ne l'a pas vu libre à la suite d'une
paix générale de quelque durée. Il lui reste encore à
manifester une pensée secrète, et à se montrer l'homme
exactement juste, comme il s'est montré l'homme fort. »

Après le vœu de la royauté libérale, c'est, comme on
le voit, le rêve de l'empire libéral. Malgré le fameux
Acte additionnel et l'assemblée du Champ de mai, il
est peu probable que Napoléon eût réalisé les désirs et
les espérances de quelques sages, de quelques patriotes.
Les événements qui se précipitèrent ne permirent point
aux plus fermes esprits de critiquer la conduite de
l'empereur ou de se perdre en conjectures sur ce que
probablement il aurait fait. En ce qui touche Sénancour,
le sentiment de respect et de haute sympathie persista.
Nous en avons la preuve dans la notice nécrologique
mentionnée plus haut. Une indulgence philosophique,
non exempte d'un mâle attendrissement, y domine.

« La postérité, dit le biographe, n'ignorera aucun des
torts de Bonaparte ; ils lui seront transmis scrupuleu-
sement ; tout l'annonce. Mais pourquoi les voir avec

une sorte de surprise? Si sa conduite avait toujours été louable, il faudrait s'en étonner davantage. Si on pouvait citer un prince, un guerrier qui eût obtenu les mêmes succès par des moyens irréprochables, il n'aurait certainement aucun égal dans l'histoire du monde....

« Tombé au pouvoir des Anglais, en quittant le sol de la France, et déclaré prisonnier, il arriva le 13 octobre 1815, à Sainte-Hélène, dans les mers du Congo. Il resta deux mille et trente et un jours sur ces rochers volcaniques et nuageux, où la température est assez douce. Nul encore, après avoir ainsi ébranlé le monde, n'avait vécu, et ne s'était vu mourir dans un tel silence; c'est le plus mémorable délaissement dont le genre humain ait fourni l'exemple.

« Sa vie se termina le 5 mai. De toutes les nouvelles étrangères au mouvement actuel des choses, c'est la seule qui doive faire une impression profonde depuis le Kremlin, jadis inviolable, jusqu'aux ruines du Saïd redevenu silencieux. L'imagination ébranlée croira voir le génie qu'invoquèrent les Rustem, les Cyrus, les Albuquerque, s'éloigner de nos pâles régions, et, sur les roches de Longwood, inclinant son front immortel, ne plus demander aux siècles que des souvenirs et du repos. »

Ce qu'on pourrait appeler la politique active de Senancour tient dans ce court épisode, du moins sa politique connue. En effet, introduit au *Constitutionnel* dès la fondation, par l'amitié de M. Jay, l'un des *Ermites*, aujourd'hui bien oubliés, de *la Chaussée d'Antin*, notre philosophe prit une part assez active à la rédaction. Malheureusement les articles n'étant pas signés, il est impossible de déterminer avec précision quels sont ceux qui lui peuvent être attribués. Mᵐᵉ de Senancour possédait une collection de ces articles, qui a disparu avec elle. Il me semble, d'après la brève communication qui m'en fut faite, il y a longtemps, que Senancour s'était réservé surtout de traiter les questions religieuses, autour desquelles on se passionnait tant sous la Restauration. Du reste, s'il eut toujours des opinions fermes, s'il ne négligea aucune occasion de les manifester, il ne joua jamais aucun rôle, ne s'engagea dans aucun parti. Il ne voulut, selon son affirmation expresse, « se déclarer hautement pour aucune passion dominante. »

Malgré la sympathie qu'il ne cessa de témoigner à Napoléon, Senancour ne fut point un bonapartiste, même de circonstance, comme Béranger et Paul-Louis Courier. Les républicains ne le comptèrent pas davantage dans leurs rangs. Dès 1814 (*Seconde lettre d'un habitant des Vosges*), il avait reconnu que les mœurs, la tradition, la constitution sociale de la France se refusaient à la république telle qu'il l'entendait.

« J'ai vu, écrivait-il, quelques *républicains* des grandes villes : je leur ai proposé d'aller vivre dans l'Unterwalden, où moi-même j'ai vécu ; mais ils craignaient la pauvreté, l'ennui, le travail obscur. J'ai dit à ces hommes libres : Vous n'aimez pas précisément la servitude ; mais ce que vous ne sauriez souffrir, c'est la liberté.

« N'attendons rien d'un pays riche, d'un pays où l'on tient à des jouissances qui, par la nécessité même des choses, sont exclusives. »

Frugalité pour tous, égalité générale dans une condition assurée, mais médiocre : tel eût été son idéal. Il resta jusqu'à la fin le penseur des *Premières Rêveries*, ne pouvant parvenir à comprendre qu'un citoyen pauvre et un citoyen riche, devant les entraînements et les sé-

ductions de la politique, fussent réellement égaux.
Jeune, Senancour avait deviné que les développements
de l'industrie et du commerce amèneraient en France
le règne d'une aristocratie d'argent, d'une *ploutocratie*,
comme a dit plus tard Pierre Leroux. Dans sa brochure
Juin et 14 juillet 1814, il s'alarma de voir concentrer
les droits politiques entre les mains des grands proprié-
taires. Ce n'est pas toutefois sur ce terrain exclusivement politique qu'il devait se heurter à l'esprit de
réaction, mais bien sur le terrain de la liberté religieuse,
ainsi que nous allons le voir dans le chapitre suivant.

CHAPITRE VIII

Critique religieuse. — *Observations sur le Génie
du christianisme* (1816). — Chateaubriand.

Les *Observations critiques sur l'ouvrage intitulé Génie
du christianisme*, avec cette épigraphe tirée de l'*Ecclé-
siaste : Mundum tradidit disputationi eorum*, ont paru
en 1816, chez Delaunay, l'un des principaux éditeurs
des Galeries de Bois, au Palais-Royal. Cette réfutation
d'un ouvrage publié en 1802, arrivant au grand jour
quatorze ans après, pouvait sembler et sembla en effet
quelque peu tardive. Elle était cependant, devons-nous
croire, encore prématurée, puisque la censure n'en
permit même pas l'annonce dans les journaux [1], et que
neuf ans après, en 1825, la réimpression en fut interdite. Ceci nous montre clairement que, malgré ses démêlés avec les grands de ce monde, malgré ses hauts
et ses bas en politique, malgré ses tergiversations et
ses impertinences qui, faisant grincer des dents à
Louis XVIII, lui arrachaient ce mot brutal : « Chassez-
moi cet homme, » Chateaubriand, par son *Génie du
christianisme*, demeurait en France, sous la royauté
restaurée, le représentant attitré de la religion offi-

---

[1] *Ouvrage non annoncé en général*, est-il dit dans un rappel des
productions de l'auteur, en tête de la première édition des *Libres
Méditations* (1819).

cielle. Et quand je dis sous la royauté, je pourrais parler également de l'empire. En 1811 ou 1812, époque à laquelle ces notes furent rédigées, la publication n'en eût pas été davantage favorisée. L'empereur pouvait n'aimer pas Chateaubriand, mais le *Génie du christianisme* était un « instrument de règne » dont il avait apprécié l'importance, dont il sentait l'utilité et sur lequel il n'aurait pas permis que vînt se poser une main irrévérente.

Comment les *Observations* ont-elles été conçues ? Comment exécutées et dans quel but ? A quelle date précisément ? Ces questions donnent lieu à plusieurs remarques de détail, dont on comprendra plus loin la nécessité. Voyons d'abord le témoignage de l'auteur.

« Après avoir lu *René* en 1811, j'ouvris un autre volume du *Génie du christianisme*, et quelques passages que je rencontrai me rappelèrent combien, en parcourant cet ouvrage deux ou trois ans auparavant, j'avais été frappé de la confiance avec laquelle on y abuse de la légèreté du commun des lecteurs. C'est alors que, plus curieux de voir le reste du livre, j'écrivis ces remarques. »

Il faut l'avouer, cette date de 1811 assignée à la lecture de *René* m'a toujours dérouté. Bien que Senancour vécût très indépendant, très solitaire, très en dehors du monde ordinaire des lettres, ni le nom de Chateaubriand ni ses œuvres ne pouvaient avoir tant tardé à se faire connaître de lui. Il laisse échapper l'aveu d'une lecture antérieure remontant à deux ou trois ans, c'est-à-dire à 1808 ou 1809 : voilà qui est encore bien tardif. Les notes intimes nous permettront peut-être de serrer de plus près la vérité.

Senancour y établit fort bien que lorsqu'il écrivit les *Premières Rêveries* en 1797, il ne connaissait pas le nom

de Chateaubriand (qu'il eût pu connaître toutefois, car
l'*Essai sur les révolutions*, dont il parlera dans les *Observations*, date de cette même année). Il confesse, et
seulement sous forme dubitative, une lecture d'*Atala*
en 1801.

« Non seulement, lorsque j'ai écrit les *Rêveries*, en
1797, à Villemétrie, j'ignorais l'existence même de
M. de Chateaubriand, mais lorsque, en 1801 et 1802
(hôtel Beauvau à Paris et à Agis près Fribourg en
Suisse), j'ai fait les lettres d'Oberman, je crois que je
connaissais *Atala*, mais il est certain que je ne connaissais aucune autre page de M. de Chateaubriand. Après
l'impression d'*Oberman*, je vis quelque part que le
Génie du christianisme contenait une puissante note
métaphysique. Je crus peu à la puissance métaphysique de l'auteur d'*Atala*. J'achetai une petite édition
du *Génie du christianisme*[1]. Ce fut alors qu'en lisant
cette note métaphysique tirée de Clarke, j'aperçus *René*
et je vis dans le *Génie du christianisme* de si drôles de
raisonnements que je me mis à le réfuter. »

Ce sujet lui tenait certainement au cœur, car sur un
autre petit papier, je retrouve ces quelques lignes qui
attestent une même préoccupation :

« *René* n'était pas connu de l'auteur d'*Oberman*. Le
Génie du christianisme a paru en Auguste, en 1802.
Oberman a été fait en 1801 à Paris et en 1802-1803 en
Suisse. Dès mon arrivée à Paris en 1803, il a été donné
à l'impression. »

Reprenons maintenant ces diverses indications et
tâchons d'en tirer quelques conséquences. En premier
lieu, le *Génie du christianisme* n'a point paru en

---

[1] Je l'ai vue encore, à Fontainebleau, dans la modeste bibliothèque de Mlle de Senancour.

août 1802, mais en avril. C'est le jour de Pâques, le 28 germinal an X (dimanche 18 avril), que le *Génie du christianisme* a été solennellement annoncé par Fontanes dans le *Moniteur* [1], le jour même où l'église Notre-Dame était officiellement rendue au culte catholique par la célébration d'un *Te Deum* d'action de grâces. Donc Senancour a dû forcément en entendre parler pendant la composition d'*Oberman*, en lire probablement des extraits ou des fragments dans les journaux. En tous cas, si c'est après l'impression d'*Oberman*, autrement dit en 1804, qu'il a lu le *Génie du christianisme* et qu'il a conçu la pensée de le réfuter, cela nous reporte bien plus loin que deux ou trois ans avant 1811, à huit ans au moins.

Il était nécessaire de débrouiller toute cette chronologie pour bien établir la genèse des *Observations* et pour montrer, à l'avantage même de l'auteur, qu'elles ont été beaucoup moins tardives et beaucoup plus contemporaines qu'elles n'en ont la prétention. Quant à la question (et ce n'en est pas une pour nous) de savoir si *Oberman* procède de *René*, il sera temps d'y revenir lorsque, à la fin de ce volume, nous examinerons la destinée d'*Oberman* au point de vue du succès littéraire. On verra que les éclaircissements qui précèdent et qui seront complétés n'auront pas été inutiles.

Quel est aujourd'hui pour nous, — j'entends par là les lettrés qui lisent encore le *Génie du christianisme*, — le caractère réel, spécifique de cet ouvrage ?

Est-ce, comme le dit Senancour dans son avant-propos, un ouvrage d'agrément, un ouvrage d'*effet*, quel-

---

[1] C'était la reproduction d'un article inséré le 15 avril au *Mercure de France*.

que chose d'essentiellement frivole, ou faut-il y voir
une démonstration scientifique ? Est-ce une preuve par
la beauté ? Est-ce une preuve par la vérité ? Est-ce une
équation entre le vrai et le beau ? A parler franche-
ment, poser de pareilles questions est pure politesse.
S'il subsiste parmi nous des lecteurs, des admirateurs
et des clients de ce livre, ils ne s'attachent plus qu'à la
partie esthétique. Le christianisme prouvé par sa
beauté, voilà ce qu'ils en admettent ou du moins ce
qu'ils en conservent. Quant à la partie dialectique et
dogmatique, elle est depuis longtemps abandonnée de
tous. Des adversaires plus redoutables que les polé-
mistes du xviiie siècle ont nécessité des apologistes
meilleurs logiciens ou plus érudits. A l'apparition du
livre, on n'en était pas là : on ne se rendait compte ni
de sa portée ni des intentions de l'écrivain. De là, dans
la critique de Senancour, une inévitable hésitation.
Répondra-t-il au coloriste ou au théologien ? Au fond,
c'est bien celui-ci que volontiers il viserait. Lui-même
nous l'a dit, ce qui l'a mis en goût et en appétit de réfutation, c'est la fameuse note métaphysique sur l'existence de Dieu.

Chênedollé, s'aventurant sur un terrain qui n'était
pas le sien, avait, en louant l'ouvrage de Chateaubriand, reproché aux critiques d'avoir passé sous silence la quatrième partie de l'ouvrage qui paraissait
désagréable et embarrassante aux esprits philosophiques [1].

« Quant à moi, réplique Senancour, j'examinerai
cette quatrième partie comme les trois autres, et même
plus particulièrement que la seconde ou la troisième.

---

[1] *Mercure de France* du 26 février 1803, en réponse à une critique
du *Génie du christianisme* qu'on attribuait au chevalier de Boufflers.

J'examinerai la note métaphysique tirée des *Lectures* de Clarke. J'examinerai uniquement la partie sérieuse du *Génie du christianisme*, si toutefois il y a quelque chose de vraiment sérieux dans le *Génie du christianisme*, à l'exception de cette note métaphysique et de quelques vérités que les gens sincères n'ont jamais contestées.... Je dirai toujours, avec M. de Chateaubriand, qu'il y a plusieurs choses louables dans les habitudes des chrétiens; je dirai avec lui que le christianisme a compté parmi ses disciples un certain nombre d'hommes très vertueux. Je reconnaîtrai que les poètes et les artistes peuvent s'accommoder des sujets qu'il fournit ou qu'il n'exclut pas. »

S'il est sévère pour le dialecticien insuffisant ou le théologien improvisé, il ne marchande pas l'éloge au plus grand maître de l'école moderne.

« En vantant sa manière d'écrire, on n'a fait que lui rendre justice. Son style n'est pas exempt de négligences; mais il est rempli de beautés capables de faire oublier des défauts moins légers. Sa manière est large et hardie, très souvent forte, et quelquefois profonde. Comme peintre, comme poète, M. de Chateaubriand a beaucoup plus que du talent; il a le génie de l'expression; il est au nombre des premiers écrivains de la France. »

Quelques complaisants, croyant rehausser le mérite du livre en exagérant les difficultés que celui-ci avait dû rencontrer à son apparition, en prétendant que tout conspirait contre le succès d'un pareil ouvrage et que toutes les circonstances semblaient se réunir pour le vouer au mépris, à la dérision, à l'oubli, donnaient une apparence miraculeuse à un événement littéraire et moral très compréhensible; la réponse ne se fait pas attendre dès l'avant-propos.

« Quant aux circonstances dans lesquelles le *Génie
du christianisme* a paru, je crois qu'elles étaient favorables. En haine des excès de la Révolution, une partie
du public était disposée à recevoir indistinctement quiconque se montrerait ennemi de la Révolution. On sait
que beaucoup de femmes aimables qui n'auraient pas
songé, en 1788, à entrer dans une église, quelques
années plus tard fréquentaient assidûment les églises
secrètes. Par bonheur ou par choix, M. de Chateaubriand a saisi ce que la fortune lui offrait. Mais je n'a-
jouterai rien à ceci, parce que les succès sont étrangers à la recherche du vrai. »

Le talent et l'à-propos : voilà certainement deux conditions excellentes pour réussir; mais ne serait-il pas
indispensable, en pareille matière, d'y joindre l'autorité du caractère, le poids que donne une foi très ferme,
très profondément ancrée dans l'âme ? Ce n'était pas
le cas de Chateaubriand. On n'avait point, dans le monde
philosophique et lettré, oublié diverses parties de son
premier ouvrage, l'*Essai sur les révolutions*, ouvrage
qui, certes, était loin d'annoncer et de faire prévoir le
Génie du christianisme. Bien peu d'années cependant
l'en séparaient : 1797-1802. La volte-face si imprévue,
si soudaine et si radicale, n'avait point échappé aux
esprits éclairés, et ils se croyaient en droit de la signaler à l'occasion, comme fit Ginguené, par exemple.
Senancour n'hésite pas non plus à relever cette singulière inconséquence, pour n'employer pas un mot plus
fort. A propos de la question qui termine le *Génie du
christianisme* : « Quel serait aujourd'hui l'état de la
société si le christianisme n'eût point paru sur la
terre ? » il rappelle une autre conclusion interrogative,
celle de l'*Essai*, conçu dans un esprit fort différent :
« Quelle sera la religion qui remplacera le christia-

nisme lorsque celui-ci sera tombé dans un discrédit total ? » La curiosité est indiscrète, et quand on a parlé du christianisme, de sa destinée possible en ce monde, comme si l'on parlait d'une religion purement humaine, la prétention est impertinente de le représenter comme une religion divine peu de temps après.

« Fort peu de temps après. Dans son livre publié à Londres, en 1797, M. de Chateaubriand est revenu d'Amérique et n'est point chrétien. Ici, les dates sont embarrassantes. Il est dit, dans un article du *Mercure*, article transcrit à la suite du *Génie du christianisme*, que cet ouvrage fut publié, pour la première fois, à Londres, en 1798. En admettant donc que l'édition de l'*Essai sur les révolutions* (Londres, 1797) ait été faite en l'absence de l'auteur, et qu'on ne doive lui attribuer formellement que celle de 1795, il ne lui restera toutefois que trois ans pour retourner en Amérique, pour s'y convertir, ou, comme l'on sait, recevoir la foi dans une lettre, enfin, pour composer d'après cela un ouvrage que nul homme n'aurait été capable de faire avec une très grande précipitation, et qui, d'ailleurs, est le fruit d'un travail de plusieurs années, selon les termes mêmes de l'auteur.

« Encore une phrase (remarquable en elle-même) de ce qui portait le nom de M. de Chateaubriand, non pas en 1798, mais en 1797. « Ne serait-il pas possible que « les peuples atteignissent à un degré de lumières et « de connaissances morales suffisant pour n'avoir plus « besoin de culte? La découverte de l'imprimerie ne « change-t-elle pas à cet égard toutes les anciennes « données ? »

Il est rare, en effet, de voir une évolution, comme on dit aujourd'hui, aussi complète. Plus complète encore que ne le croyait Senancour. Nous savons désormais, par Sainte-Beuve, quels étaient les vrais sentiments de Chateaubriand en 1798. Celui-ci les a consignés sur les marges d'un exemplaire de l'*Essai*, qu'une série de circonstances a fait tomber entre les mains du célèbre critique.

Le futur et même prochain auteur du *Génie du christianisme* écrivait sans sourciller des notes comme celles-ci :

« Il y a peut-être un Dieu, mais c'est le Dieu d'Épicure ; il est trop grand, trop heureux pour s'occuper de nos affaires, et nous sommes laissés sur ce globe à nous dévorer les uns les autres.

« Quelquefois je suis tenté de croire à l'immortalité de l'âme, mais ensuite la raison m'empêche de l'admettre. D'ailleurs, pourquoi désirerais-je l'immortalité ? Il paraît qu'il y a des peines mentales totalement séparées de celles du corps, comme la douleur que nous sentons à la perte d'un ami, etc. Or, si l'âme souffre par elle-même, indépendamment du corps, il est à croire qu'elle pourra souffrir également dans une autre vie ; conséquemment, l'autre monde ne vaut pas mieux que celui-ci. Ne désirons donc point survivre à nos cendres ; mourons tout entiers, de peur de souffrir ailleurs. Cette vie-ci doit corriger de la manie d'*être*. »

A côté de ce texte imprimé : « Dieu, répondez-vous, vous a fait libre. Ce n'est pas là la question. A-t-il prévu que je tomberais, que je serais à jamais malheureux ? Oui, indubitablement. Eh bien ! votre Dieu n'est plus qu'un tyran horrible et absurde ; » — tout à côté de ces mots, Chateaubriand écrivait de sa main : « Cette « objection est insoluble, et renverse de fond en comble « le système chrétien. Au reste, personne n'y croit « plus. »

En bonne conscience, quand on a écrit de semblables

paroles, dût-on les regretter plus tard, on est mal venu, non pas à les désavouer, mais à se retourner durement, aigrement, d'un ton superbe, contre ceux qui pensent aujourd'hui, et qui ont pensé de tout temps ce que vous pensiez hier encore. Voyez-vous Naigeon se faisant capucin et anathématisant les athées ! Voyez-vous Saint-Lambert transformant son *Catéchisme naturel* en *Catéchisme chrétien !* On laisse ces fluctuations à La Harpe ; on ne s'y abandonne pas. Sans doute on a le droit de changer d'opinion, de passer de la foi à l'incrédulité, et réciproquement. Ces sortes de changements doivent être au moins accompagnés d'humilité, et ce n'est pas quand on vient à peine de sortir de l'erreur qu'on a le droit d'accabler ceux qui, la veille, étaient vos compagnons.

Mis en demeure d'expliquer cette transformation subite, Chateaubriand a écrit :

« Ma mère, après avoir été jetée, à soixante-douze ans, dans des cachots où elle vit périr une partie de ses enfants, expira dans un lieu obscur, sur un grabat, où ses malheurs l'avaient reléguée. Le souvenir de mes égarements répandit sur ses derniers jours une grande amertume ; elle chargea, en mourant, une de mes sœurs (Mme de Farcy) de me rappeler à cette religion dans laquelle j'avais été élevé. Ma sœur me manda le dernier vœu de ma mère ; quand la lettre me parvint au delà des mers, ma sœur elle-même n'existait plus ; elle était morte des suites de son emprisonnement. Ces deux voix sorties du tombeau, cette mort, qui servait d'interprète à la mort, m'ont frappé : je suis devenu chrétien. Je n'ai point cédé, j'en conviens, à de grandes lumières surnaturelles ; ma conviction est sortie du cœur : j'ai pleuré et j'ai cru. »

Voilà qui est bien aisé à dire et surtout à écrire, car

le papier souffre tout ; mais comment une douleur familiale, essentiellement personnelle, motif d'ordre purement intime, a-t-elle pu se transformer en un traité de théologie, orné de métaphores ? Comment cette dialectique est-elle sortie de cette émotion, cette érudition de ce désespoir ? Comment les pleurs se sont-ils changés en arguments ? Voilà ce que nous ne voyons pas et ce qu'il aurait fallu nous montrer. La douleur peut être la source d'une conversion individuelle, non pas d'une œuvre de propagande.

Toute cette sentimentalité n'était point, d'ailleurs, pour éblouir ou déconcerter Senancour. Les motifs de cœur, pompeusement invoqués, le touchent peu. La sensibilité lui paraît un mauvais guide en matière d'état ou de religion : « Je voudrais que le cœur ne fût pas le seul guide de l'homme, parce que les mouvements du cœur étant passionnés, orageux, fanatiques, il ne resterait aucun espoir de rétablir l'ordre dans les sociétés humaines. » Ce qui fait pour nous le principal, ou même l'unique élément du livre de Chateaubriand, demeure pour lui secondaire et accessoire. Il ne se laisse pas attirer sur le terrain esthétique. C'est, au fond, le combat d'un logicien contre un artiste, et le logicien n'est pas commode. Ce qui l'irrite surtout, c'est le ton dédaigneux avec lequel Chateaubriand traite ses adversaires. Aussi ne manque-t-il pas une occasion de le prendre en défaut sur quelques points de dialectique, ce qui n'est pas difficile. Il le suit pied à pied, page à page, avec la plus rigoureuse attention. « Ces remarques, dit-il, ont été écrites avec précipitation, comme on en fait à la marge d'un livre en le parcourant. » C'était, du reste, l'habitude de Senancour de noter ses impressions sur la marge de ses livres, et j'ai à ma disposition un *Petit Carême*, de Massillon, agrémenté de commentaires qui pourraient donner lieu à une édition fort piquante [1].

Dans un passage à effet, où l'auteur, après avoir accumulé les noms de Bossuet, de Fénelon, de Bourdaloue, ajoute que ces noms seuls embarrassent beaucoup certaines gens, une sorte de défi est jeté aux incrédules de diverses nuances. La page où le commentateur relève le gant est très caractéristique et très nette.

« Je déclare que Bossuet, *qui foudroie*, et Bourdaloue, *force et victoire*, ne *raisonnent* pas, à mon avis, d'une manière *embarrassante*. Si, de plus, M. de Chateaubriand veut, en s'appuyant sur Bossuet, sur Bourdaloue, et même sur Leibnitz (et en appelant à lui M. Fr.... et M. de Bo.... [2]), soutenir une discussion, non de mots, mais de choses, je serai seul, je tâcherai de lui prouver que l'*obstination* ne sera pas mon *dernier refuge*, et je l'inviterai à *employer toutes ses armes*. J'y mets une condition, pour que ceci ne se réduise pas à une verbeuse dispute d'érudition, et qu'on ne se perde pas dans des détails de controverse, comme dans ces anciennes conférences après lesquelles on a pu, des deux côtés, prétendre également avoir conservé l'avantage. La discussion dont je parle aurait lieu par écrit ; on l'imprimerait ensuite, et on l'enverrait dans toutes les villes et dans tous les bourgs des diverses communions chrétiennes. Celui qui a fait une proposition semblable, il y a sept ou huit ans, désire sincèrement être convaincu, et s'attache peu, comme l'on sait, à d'autres succès. Dès qu'il sera convaincu, sa *conversion* le fera voir. »

[1] Voir à l'appendice quelques détails sur cet exemplaire du *Petit Carême*.

[2] Frayssinous et de Bonald.

Chateaubriand, cela va de soi, n'accepta point le défi. Notons même que, par une coïncidence fâcheuse, l'auteur critiqué étant ministre d'État lorsque parurent les *Observations*, défense fut faite aux journaux de les annoncer. Si le ministre d'État l'a su, il aurait été chevaleresque de sa part de faire lever l'interdiction. J'aime à croire qu'au moins il ne l'a pas ordonnée. Jamais, dit Sainte-Beuve, Chateaubriand n'a prononcé ni écrit le nom de Senancour. Celui-ci expliquait plaisamment cette antipathie par la réflexion suivante : « Cela tient à ce que j'aime les montagnes autant qu'il les déteste. » La discussion aurait été curieuse à suivre, et le champion du catholicisme aurait pu en sortir quelque peu meurtri, si l'on en juge par le ton serré, pressant des *Observations*.

Parmi tant de remarques, il faut faire un choix et se tenir à l'essentiel. Résumons la note suivante, trop longue pour être donnée dans toute son étendue.

L'auteur y examine cette série de questions : Peut-on donner officiellement une religion au peuple? Cela est-il nécessaire? Pareille tentative doit-elle être faite, étant donné l'état des esprits en Occident (janvier 1811-1816) ? Enfin, l'expérience de l'incrédulité a-t-elle été réellement faite sous la Révolution?

Sur le premier point, la réponse ne comporte aucune ambiguïté : « Si, dans un État, la classe supérieure ne croit pas, comment la classe inférieure croira-t-elle? » Chez un peuple où la vanité joue un grand rôle, il y aura forcément ce qu'on pourrait appeler une cascade d'incrédulité. La ville ne voudra pas être croyante, puisque la cour ne l'est point ; les campagnards imiteront la ville, et l'on en arrivera à cette fiction ridicule et dangereuse d'une religion sans foi. Ce sera une dissimulation universelle, et qui, par ce caractère même d'universalité, ne trompera personne. « Les *honnêtes gens* ne croient à la révélation que devant leurs laquais, et ceux-ci ne l'ignorent pas. » Belle manière de moraliser la foule !

2° Les mœurs de la multitude ne sont pas meilleures quand la religion a beaucoup de pouvoir. N'est-ce pas une populace catholique qui a fait la Saint-Barthélemy et la Ligue ? Les institutions humaines, lorsqu'elles ont quelque sagesse, ne sont pas moins puissantes que la religion, et on ne peut en abuser au même point. »

3° Rien n'est plus périlleux que de faire reposer la morale éternelle sur des dogmes transitoires et contestables. C'est bâtir sur le sable. « Que certaines gens viennent à rire de l'Immaculée Conception, il n'est plus de raison morale qui les empêche d'assassiner. Il fallait donc leur montrer que les préceptes moraux sont fondés sur des principes dont on ne peut pas rire. »

4° Les arguments tirés de la prétendue épreuve révolutionnaire n'ont aucune valeur. « Dans le désordre d'une révolution, dans la continuelle incertitude des lois, dans l'effervescence des passions et la guerre des partis, il est impossible qu'on ait éprouvé ce qui résulterait de l'absence des dogmes sous un gouvernement fixe, sous des lois bien faites et observées avec quelque suite. Jusqu'à ce que l'on dise dans quel moment de la Révolution cette épreuve a pu avoir lieu, je répéterai qu'on se joue de ses lecteurs en leur faisant de tels contes. »

La conclusion doit être donnée en entier :

« Cette note sera lue superficiellement ; nul peut-être ne prendra la peine d'en sentir la justesse ; mais du moins elle contient indirectement ma propre justification ; elle fait voir quels sont mes motifs dans toute cette critique d'un ouvrage célèbre.

« *Êtes-vous convaincus? restez chrétiens. Mais si vous ne l'êtes pas, cessez d'être hypocrites. Soyez sincères : la soumission à la vérité est le premier culte ; c'est la vérité qui est certainement divine.* Chez les hommes, une chose est certainement louable, la bonne foi. C'est dans la droiture et non dans l'Eucharistie qu'il y a *une législation tout entière*.

« Il est également injuste, également impolitique, ou de prescrire l'exercice de la religion à ceux qui ne voient dans les religions que des fantaisies humaines, ou de l'interdire à ceux qui, jouissant de la foi, seraient obligés, en conscience, d'*obéir à Dieu* plutôt qu'aux hommes. »

Nous touchons ici au point qui blesse le plus particulièrement Senancour. C'est cette perpétuelle assimilation d'une croyance libre avec l'incrédulité absolue. Faut-il donc nécessairement choisir entre l'athéisme ou le catholicisme?

« J'abandonne volontiers à M. de Chateaubriand les athées ; mais je prends la défense de ceux qui, croyant apercevoir partout les traces d'une intelligence infinie, ont le malheur de ne pouvoir prononcer sur presque tout le reste...., pourquoi partager les hommes en deux classes, les chrétiens et les athées? Ce point de vue est très faux. Que ferez-vous des trois quarts du genre humain? On peut très bien admettre avec empressement l'idée consolante et raisonnable, l'idée sublime de l'existence de Dieu, et ne pas admettre une révélation ; on peut à la fois suivre sa raison et ne pas renoncer à sa raison ; on peut voir Dieu produire le phénomène de l'univers et ne le pas voir pleurer dans la crèche de Bethléem. » Poursuivant ce développement avec une ironie singulièrement âpre, il reproche à l'écrivain catholique ce procédé abusif du tout ou rien, ce

choix imposé entre l'athéisme et le christianisme, qui
constitue véritablement la carte forcée : « Les atomes
de Lucrèce ou la *Légende dorée*; point d'autre alternative. En mettant ainsi d'un côté les athées et de l'autre
le reste de l'espèce humaine, l'auteur verra en effet une
grande majorité en faveur de ce nouveau christianisme. »

Senancour va-t-il saisir au moins cette occasion de
nous formuler sa profession de foi, ne fût-ce qu'en vertu
du principe de contradiction? Ce n'est pas trop demander à un sincère, mais c'est peut-être beaucoup exiger
d'un scrupuleux. Voyons pourtant ce qu'il va nous dire
et à propos de la fameuse note métaphysique et dans
d'autres endroits de son volume.

Nous n'avons pas à entrer dans le détail d'une discussion cent fois rebattue, où rien ne se produit de nouveau ni d'original, pas plus du côté de Clarke que du
côté de son réfutateur. Dégageons deux points essentiels et qui importent à l'étude personnelle que nous
poursuivons. Senancour est si faiblement convaincu par
les arguments qu'il rencontre, et il en trouve si peu à
leur substituer, en dehors d'une négation positive, que
sa démonstration aboutit à un double doute.

1° « Je crois que des réflexions profondes doivent
faire espérer l'immortalité de l'âme, et faire croire l'existence de la Divinité; mais je crois aussi que nul homme,
avec ses facultés terrestres, ne prouvera l'existence
d'une cause première, essentiellement distincte de
l'être visible, ayant pu le produire et ayant pu subsis-
ter seule antérieurement. »

2° « Ne voudra-t-on jamais avouer que l'on ignore la
nature des choses? Nous pouvons apercevoir des rapports entre les choses extérieures ou quelques rapports

de ces choses à nous ; mais on ne saurait se comprendre soi-même. »

Voilà une borne fermement posée, à la fin de l'ouvrage et au sujet de la note métaphysique qui en représente le point capital. Aurions-nous trouvé mieux dans le volume ? Feuilletons-le rapidement et sans la prétention d'être complet.

A la page 48, l'idée de Dieu est appelée *une forte conjecture*, une idée sur laquelle la raison peut conserver des doutes, mais que du moins elle ne condamne pas. A la page 84, l'existence du Souverain Être est qualifiée de *réalité désirable*.

« Espérons et doutons, dit-il à la page 96. Surtout sachons souffrir dans les autres un doute qui n'est que trop naturel. L'homme de bien peut se promettre l'immortalité de l'âme ; mais quel homme, sans illusion, osera *affirmer* que son être, visiblement périssable, est visiblement immortel. »

Et il ajoute en note :

« Il existe des fluides invisibles et peut-être essentiellement actifs. Il se peut que l'âme soit tout à fait distincte du corps, et qu'elle soit cependant autre chose qu'une abstraction. *Espérons beaucoup* ; mais souffrons, je le répète, que plusieurs d'entre nous n'affirment rien. »

Signalons en passant, mais pour y revenir plus tard, cette idée de fluides invisibles, actifs, jetée avec une sorte de négligence. Elle ira cependant s'emparant davantage de la pensée de Senancour, et nous la retrouverons plus de vingt ans après sous sa plume. Il était dans la destinée de ce précurseur de pressentir nos recherches et nos intuitions sur cette réalité psychique, à peine encore entrevue aujourd'hui, sur cette force qui peut avoir ses *latences*, mais aussi ses manifestations.

L'ébauche nous en est offerte par le *périsprit* des spi-
rites, *l'enveloppe astrale* des Indous et le *corps de
gloire* de saint Paul [1].

Un dernier mot sur l'immortalité à la page 100, avec
un singulier retour sur lui-même : « Je sais un homme
qui désire l'immortalité de l'âme, et je doute que parmi
tant d'hommes qui l'espèrent, il en soit un seul qui la
désire plus que lui ; mais il cherche des preuves et il
n'en trouve pas. Je crois en effet qu'il n'y en a point. »

Tout cela peut être très beau moralement parlant,
mais on conviendra qu'au point de vue religieux, et
comme réfutation d'un ouvrage spécialement religieux,
c'est maigre. *Un Dieu conjecture* et *une immortalité hypothèse*, cela ne constitue pas un gros bagage et n'apporte avec soi qu'une somme de consolations très mince.
Nous ne sommes pas même en face d'un bon gros déisme
à la Rousseau, pas même d'un Dieu des bonnes gens à
la Béranger. Cet état d'esprit est d'autant plus surprenant que nous avons vu Senancour se courroucer ver-
tement en 1809, contre les journalistes qui le taxaient
d'athéisme et de matérialisme. De 1811 à 1816 son spiritualisme est resté bien pâle et son déisme bien indécis,
bien nuageux. C'est ce qui fait qu'on a pu se méprendre
sur le caractère de sa critique, et que Vinet, toujours
si équitable, si mesuré, l'a traité simplement d'homme
d'esprit et l'a cru voltairien. Il ne l'était certes pas au
sens étroit du mot. En 1834, il écrivit dans la *France
littéraire* [2] un article vigoureusement raisonné sur
l'athéisme imputé à Voltaire. Il y prend la défense de
celui-ci au point de vue très formellement déiste.

---

[1] Voir chapitre XII.

[2] On trouve dans le même numéro un article de Théophile
Gautier en l'honneur du poète Théophile de Viau. C'est un chapitre
de la série des *Grotesques*.

« Voltaire, écrit-il, s'est permis de renier le Dieu de bien des gens, celui qu'implorent des sectaires pour consacrer leurs passions sourdement ambitieuses, celui que demandent des littérateurs artistes pour produire quelque effet qui tienne du drame, celui après lequel on soupire afin de ramener des croyances pittoresques, enfin celui qu'il fallait pour persécuter jadis, et qu'il faut maintenant pour amuser. »

Et sa conclusion est celle-ci :

« Quant à Voltaire, il a pu n'être pas assez religieux, mais il l'a été sincèrement. »

Rousseau est trop chrétien pour lui; le Voltaire du *Dictionnaire philosophique* lui paraît un minimum de déisme. La voie de Senancour est ailleurs. Il ne se tire pas mal de la polémique, mais il n'est pas fait pour elle : il a trop de pondération et de modération. C'est en se repliant sur soi-même et, comme dit Bernardin de Saint-Pierre, en puisant de l'eau à son propre puits, qu'il découvrira sa vraie nature et qu'il exprimera sa vraie pensée.

Aurait-il incliné vers une théosophie à la manière de Ballanche ? Il avait beaucoup de goût pour ce philosophe. Il eut un grand chagrin, à ce que m'a raconté M. Ferdinand Denis, d'avoir manqué un jour la visite de l'écrivain lyonnais. Ce n'est pas le moment de peser ici les affinités et les diversités de ces deux esprits venus des points les plus opposés de l'horizon. J'estime cependant que la religion de Senancour aurait semblé très nue à Ballanche, et le christianisme de Ballanche trop symbolique à Senancour. Le protestantisme, qui est apparu aux libéraux de ce siècle comme une demi-émancipation, ne paraît pas du tout s'être présenté à notre philosophe comme une solution. Cela tient à ce qu'il n'admet à aucun degré la révélation. Il n'en voit pas la nécessité.

« Je pense et je me promets de montrer un jour que les hommes qui ne reconnaissent aucune révélation trouvent dans leur seule raison, sincèrement écoutée, des motifs suffisants de vivre en hommes justes. »

Si le rationalisme a suffi dans le passé, pourquoi ne suffirait-il pas dans l'avenir? Si le monde a été sage avant la révélation, pourquoi une révélation? C'est une des idées fixes de Senancour. « La philosophie du christianisme était connue des hommes avant le grand avénement » est une de ses assertions favorites. Et celle-ci encore : « Dans tout ce qu'il a d'incontestablement louable, le christianisme n'est autre chose que la sagesse humaine devenue populaire. » Il le pense, il essaiera de le prouver dans son *Résumé des traditions morales*. Avec toute la circonspection possible, toute la courtoisie imaginable, il tient soigneusement à l'écart jusqu'à l'ombre de l'idée chrétienne. Que Jésus soit *un jeune sage*, c'est tout ce qu'il veut bien accorder.

Mais laissons ce livre, dont nous aurons à parler au prochain chapitre, contentons-nous de marquer ce côté strictement rationaliste que l'on retrouve dans le commentaire sur Massillon; un côté, dis-je, et non pas unique, car entre 1816 et 1825, date de la première édition des *Traditions*, nous rencontrons en 1819 les *Libres Méditations*, où la pensée philosophique incline à s'orienter vers le mysticisme, tant il est difficile de concilier les contradictions et même les *parallélismes* d'un esprit, tant il est difficile aux autres et souvent à lui-même de saisir son unité! A chaque page, chez Senancour, le raisonneur déconcerte le mystique ; et, à chaque paragraphe, le mystique embarrasse le raisonneur.

C'est celui-ci pourtant qui l'emporte dans les *Observations*, et c'est pourquoi ce livre, si fort à certains

points de vue, manque pourtant son but. L'auteur voit
très bien les défauts de Chateaubriand comme dialecticien et, ainsi qu'il le dit lui-même, cette découverte
n'était pas laborieuse; mais *Le Génie du christianisme*
en son essence n'est pas là. Aux yeux de Chateaubriand,
la grande affaire n'est pas de prouver, mais de toucher,
d'enchanter, d'éblouir. Sa thèse est la vérité du christianisme démontrée par sa beauté. C'est ce que Senancour
a faiblement senti et plus faiblement réfuté. Le sentiment de l'auteur sur la poétique du christianisme lui
paraît une chose indifférente. Il a tort. C'est tout justement là-dessus que se devait livrer la bataille. Il relève
le parti pris d'attribuer toutes les perfections au christianisme, et toutes les laideurs, toutes les imperfections à
la philosophie et au paganisme. Pourquoi ne fait-il pas
observer que cette manière de voir est ce qu'il y a de
moins chrétien et même de moins religieux au monde?

Pour bien juger d'un édifice dans son ensemble et
dans son caractère, il faut se placer en dehors. De même
pour un parti, une doctrine, une croyance. Ceux qui
croient ne jugent pas; ceux qui jugent ne croient plus.
Allez donc demander à Bossuet si sa cathédrale est
belle, à Pascal si Port-Royal est ou non pittoresque?
Ils ne comprendront même pas le sens de votre question. Chose singulière et pourtant très compréhensible,
quand les plus lettrés de ces grands chrétiens auront
à manifester leur admiration esthétique, ils l'adresse-
ront aux œuvres de l'Antiquité. Voyez Fénelon. Il ne
s'avise du gothique que pour le mépriser; en revanche,
il admire le temple grec et il imite Homère. Pourquoi?
Parce que le temple grec n'ayant rien à voir avec la
vraie foi, Homère rien à démêler avec l'idéal chrétien,
il peut s'arrêter avec complaisance — qu'on me passe
l'expression, mais elle est exacte — à ces beaux jouets.

Ce sont les joujoux de l'homme de goût, du chrétien.
Ce même prêtre catholique pourra-t-il porter une semblable disposition dans la vue d'une procession, dans
le spectacle d'une grande cérémonie ecclésiastique,
dans la contemplation d'une église, dans la vision même
du ciel ou des personnages célestes? Non, cette disposition serait profane, et ce qui est profane, la foi, ce voile
étendu devant les yeux, le cache. Aucun chrétien *chré-
tiennant*, si ce mot peut être dit, ne s'est douté que le
christianisme doit être beau.

> J'entends chanter de Dieu les grandeurs infinies ;
> Je vois l'ordre pompeux de ses cérémonies.

En dehors de ces deux vers, et encore il s'agit du
temple juif, je ne vois rien au XVIIᵉ siècle qui fasse allusion à la beauté du culte ; Racine recherchait, dit-on,
volontiers les prises d'habit ; mais c'était moins pour
le spectacle dramatique que pour la valeur du sacrifice
offert : il pleurait plus qu'il ne regardait. Boileau, qui
a écrit ces deux vers célèbres :

> De la foi du chrétien les mystères terribles
> D'ornements égayés ne sont pas susceptibles,

n'en a pas moins, dans son *Lutrin*, badiné autour de
la sainte Chapelle, de ses chantres, de ses desservants,
de ses prélats, et il ne songeait ni à regarder la sainte
Chapelle ni à s'en émerveiller. Pierre Corneille, l'auteur
de *Polyeucte* et de *Théodore*, l'admirable traducteur de
l'*Imitation*, mais le dévot marguillier de la paroisse
Saint-Sauveur, n'a peut-être jamais levé la tête pour
regarder Saint-Ouen ou Notre-Dame de Rouen. Si,
comme nous le savons maintenant, il a eu la curiosité
de lire Dante, ce n'était pas assurément pour y chercher la poésie du catholicisme. Donc le siècle le plus
chrétien de notre histoire n'a rien compris à l'art chré-

tien; il ne s'en est même pas avisé; et il eût été fort courroucé qu'on lui en parlât. On n'a pas assez remarqué que dans la fameuse querelle des Anciens et des Modernes, parmi tant d'adversaires qui faisaient, comme on dit, flèche de tout bois, le Moyen-âge a été considéré comme une quantité négligeable. Fontenelle le méprisait; le xviie siècle ne l'a pas vu; le xviiie s'en est moqué.

Le christianisme que j'appellerai de sentiment ne commence pas, en littérature, avec Chateaubriand. Il se dessine dès la fin du xviiie siècle et nous pourrions presque dire le moment où il est né.

« Un jour, dit Bernardin de Saint-Pierre dans ses *Études de la nature*, j'étais allé avec Jean-Jacques me promener au Mont Valérien. Quand nous fûmes parvenus au sommet de la montagne, nous formâmes le projet de demander à dîner à ses ermites pour notre argent. Nous arrivâmes chez eux un peu avant qu'ils se missent à table, et pendant qu'ils étaient à l'église, Jean-Jacques Rousseau me proposa d'y entrer et d'y faire notre prière. Les ermites récitaient alors les litanies de la Providence, qui sont très belles. Après que nous eûmes prié Dieu dans une petite chapelle, et que les ermites se furent acheminés à leur réfectoire, Jean-Jacques me dit avec attendrissement : « Maintenant « j'éprouve ce qui est dit dans l'Évangile : *Quand plu-* « *sieurs d'entre vous seront rassemblés en mon nom, je* « *me trouverai au milieu d'eux.* Il y a ici un sentiment « de paix et de bonheur qui pénètre l'âme. » Je lui répondis : « Si Fénelon vivait, vous seriez catholique. » Il me repartit hors de lui, et les larmes aux yeux : « Oh! si Fénelon vivait, je chercherais à être son laquais, pour mériter d'être son valet de chambre. »

Nous assistons ici à la naissance du christianisme de

sentiment ; nous le prenons sur le fait et au berceau. Notez que la question de foi n'est pas même posée, il s'agit d'une émotion presque autant physique que morale. Le Fénelon réel, si sec dans ses rapports avec les protestants, et qui apporta dans sa lutte contre Bossuet le « fiel de la colombe » dont parle Joubert, fait place au Fénelon légendaire, à celui que Marie-Joseph Chénier mettra sur la scène et qui n'aura plus de chrétien que le nom. De même le Vicaire savoyard deviendra le bon curé de *Mélanie*. L'attendrissement tient lieu de croyance.

Pensez-vous que « le son tant aimé des cloches de l'église natale » ne dérive pas plus ou moins directement des litanies du Mont Valérien ? Que demande Chateaubriand après Rousseau, que demanderont désormais à la religion tant d'autres après eux ? Une émotion esthétique chez ceux-ci, sentimentale chez ceux-là : rien qu'une émotion. Et qu'est-ce, au fond, qu'une émotion ? — une sensation. Voilà donc la foi ramenée à la sensation, suscitée par les yeux ou les oreilles, livrée au hasard d'un cantique plus ou moins bien chanté, d'une procession bien réglée ou d'une profusion de cierges allumés à quelque fin de vêpres. Qu'importe, dira-t-on, si ces pratiques suggèrent des sentiments pieux, si elles éveillent le désir de la foi ? Il importe beaucoup, car les âmes conquises de la sorte pourront bien entrer ou rentrer dans l'église, mais elles n'y resteront pas. Rien ne s'use plus vite que le sentiment, surtout en ces délicates matières. Si Bossuet, pour convertir M. de Turenne, n'avait eu à lui offrir que le spectacle d'une grand'messe chantée par les acteurs de l'Opéra, il est probable que la conversion aurait traîné ou ne se serait point faite. Ces âmes saines du XVIIe siècle n'avaient point la nervosité maladive d'un Saint-Preux ou d'un René. Elles avaient le goût du solide et ne se contentaient pas de fumée. Leur christianisme était en profondeur, non en surface.

Je viens de dire le vrai mot, christianisme de surface. C'est celui que Chateaubriand nous a imposé, au grand profit peut-être de la littérature, mais au grand détriment du véritable esprit religieux. Les catholiques ne s'y sont pas trompés. Ils n'ont jamais placé le *Génie du christianisme* au même rang que l'*Essai sur l'indifférence*, *la Législation primitive* ou les *Soirées de Saint-Pétersbourg*. Les croyants n'ont su aucun gré à Chateaubriand d'avoir, selon une expression heureuse [1], *badigeonné* le christianisme. Albert de Broglie a dit quelque part : « illustré. »

Tout était péril dans cette restauration factice. D'une part, on pouvait dire qu'admirer surtout dans la religion le culte, c'était, selon la très belle et très forte remarque de Benjamin Constant, admirer précisément l'élément que le polythéisme y avait introduit, l'élément absolument étranger à la pensée de l'Évangile, où le culte en esprit et en vérité est recommandé d'une manière expresse. D'autre part, on pouvait provoquer des comparaisons fort déplaisantes, et, à un moment, elles n'ont pas manqué. On s'exposait à s'entendre dire que si la vérité d'une religion se mesure à sa beauté ou à la beauté des œuvres qu'elle inspire, celle dont les pompes se célébraient au Parthénon, à Eleusis, à Olympie, à Delphes, celle qui avait suscité la sublime procession des Panathénées, le Jupiter de Phidias, les tragédies d'Eschyle, de Sophocle, etc., devait être la vraie religion.

Le virtuosisme religieux, catholique, chrétien, inconnu aux siècles précédents, apparaît avec le livre de

---

[1] Le mot est « d'une jeune personne, » dit Senancour ; il pourrait bien être de sa fille, qui avait du sel dans les reparties et du mordant.

Chateaubriand. Il a eu ses éclipses, ses retours d'éclat,
et la mode le favorise encore quelquefois. Les artistes
et les littérateurs y cherchent et y trouvent de beaux
effets. Mais une religion qui se prête à devenir matière
d'art ou procédé littéraire s'expose à déchoir : on commence par s'en servir, on arrive à en jouer et on finit
par s'en jouer.

Senancour a entrevu ces divers aspects de la question ; mais il ne se proposait sans doute pas de la traiter
à fond. Dans les *Observations*, il répond à la religion
politique de M. de Bonald (par sa *Note sur le divorce*)
comme à la religion esthétique de Chateaubriand. C'est
que pour cet esprit essentiellement religieux, malgré
quelques allures voltairiennes, la religion, dès qu'on
en voulait traiter, dès qu'on prétendait en vivre et en
faire vivre les autres, ne devait être ni esthétique ni
politique, mais purement et simplement la religion.

CHAPITRE IX

Propagande philosophique. — Les *Traditions morales*
(1825-1827). — Procès, plaidoyer, acquittement final.

De 1815 ou, si l'on aime mieux, de 1816 à 1830, ce
furent pour Senancour des années laborieuses. Il fallait
vivre et, pour employer l'expression dans son exactitude rigoureuse, il fallait gagner sa vie; à quoi l'homme
et l'écrivain étaient assez peu propres : l'homme à
cause de l'extrême faiblesse des bras, que lui avait
laissée un accident raconté dans *Oberman*; l'autre par
ses habitudes de méditation solitaire, par son caractère
scrupuleux et timoré qui le conduisait jusqu'à la limite
de l'action, mais qui l'y arrêtait dans la crainte d'excé-
der sa pensée ou de causer à autrui quelque dommage
involontaire. Ses brochures en faveur de Napoléon ou
contre Chateaubriand n'étaient pas de nature, sous la
Restauration, à lui attirer la bienveillance ou même la
tolérance gouvernementale. Les *Observations sur le
Génie du christianisme* avaient été si mal vues et si mal
notées, que même en 1825 défense fut faite de les
réimprimer.

« Si les dangers qui remuent l'âme peuvent l'affermir, il n'en est pas ainsi des craintes froides qui la
troublent seulement et qui la troublent sans cesse.
L'inquiétude, les perplexités énerveront le caractère

que rendraient énergique les périls momentanés d'une vie simple. Dans celle du monde, l'opposition des intérêts demande une dextérité fatigante, et les fortes émotions y sembleraient déplacées. Tous les cœurs mortels ont besoin d'être agités, sans doute, mais non par des choses si futiles.... » Cette dextérité, que Senancour ne devait jamais acquérir, l'estime des personnes qui le connaissaient y suppléait heureusement, au moins dans une certaine mesure. Deux noms doivent être cités tout d'abord et hors ligne parmi les hommes qui, d'une manière délicate, trouvèrent moyen de venir à son aide, Vieilh de Boisjolin et Antoine Jay. L'auteur d'*Oberman* a toujours été si discret, si réservé, on pourrait même dire si renfermé en ce qui touche ses relations, qu'il est aussi difficile d'en établir l'origine que d'en déterminer le degré. Ce qu'il y a de certain, c'est que Boisjolin, le fils du poëte qui a écrit *La Forêt de Windsor* (dont les anthologies de jadis contiennent plus d'un fragment), ancien officier du génie, devenu libraire je ne sais trop comment, fit connaître Senancour à Jay, l'un des directeurs de la *Biographie des Contemporains* et, chose plus importante, l'un des fondateurs du *Constitutionnel* et de la *Minerve*, et lui procura ainsi des ressources immédiates, dont son petit ménage avait besoin. Je dis son petit ménage, car, si sa femme était morte depuis assez longtemps, la position modeste de ses enfants ne leur permettait guère de lui assurer quelque aisance. Je possède, et je donnerai ailleurs, la liste d'un certain nombre de notices écrites pour la *Biographie des contemporains*. Il n'y a là qu'un intérêt bibliographique d'assez mince valeur en dehors d'un cercle très restreint de curieux. Il serait plus piquant de pouvoir reconstituer la collaboration assez assidue de Senancour au *Constitutionnel* pendant les années de lutte de la Restauration. Mme de Senancour, ainsi que je l'ai dit au chapitre VII, en possédait la collection avec les signatures manuscrites, car on ne signait pas alors dans les journaux. Le zèle indiscret d'une parente, qui croyait rencontrer là une excellente occasion de gain, a fait détourner cette collection, de laquelle, par un juste châtiment, elle n'a tiré aucun profit. Il serait même bien possible que ces journaux eussent été détruits avec d'autres documents précieux, dans l'autodafé allumé après la mort du capitaine de Senancour par des parents quelconques, venus de Suisse pour accomplir cette jolie besogne.

Du reste, la production de Senancour, telle que nous allons la voir se dérouler dans les *Résumés* qui vont se suivre de 1824 à 1827, nous indiquera bien quelle devait être son orientation comme journaliste. On sait que le *Constitutionnel* d'alors était grand dévoreur de Jésuites. Il est possible que l'auteur des *Observations* ne se soit pas refusé le plaisir d'en grignoter quelques-uns. La tradition semblait s'en être conservée autour de lui et après lui. Le capitaine de Senancour, resté abonné au *Constitutionnel* (combien différent de lui-même !) écrivait sur les marges du journal des dissertations contre les Jésuites, et prêtait son exemplaire à ses voisins afin de les éclairer. Mlle de Senancour était également d'un esprit très peu religieux ou du moins très peu catholique.

Tout ce monde politique, philosophique et littéraire, dans lequel Senancour fut alors accueilli, et dont il n'acceptait qu'en partie les idées et les sentiments, mériterait d'être moins oublié ou mieux connu qu'il ne l'est. Boisjolin, Jay, Jouy, Lemontey, Lanjuinais, de Gérando étaient des hommes d'un réel mérite, quelques-uns de haute valeur. On a pu égaler leurs travaux mais non dépasser l'excellence de leur esprit. Ils étaient libéraux dans la plus noble acception de ce terme. Libéralisme, à cette époque, ne voulait dire ni révolution, ni faction, ni secte. Une autre direction a prévalu, et nous ne nous en trouvons pas mieux. Parmi les hommes que dans ce cercle fréquenta Senancour, se plaçait au premier rang Benjamin Constant, le plus distingué représentant du libéralisme français. J'ai toujours été très surpris que l'auteur des *Traditions morales* et l'éminent écrivain auquel nous devons le bel ouvrage sur *La Religion*, n'aient jamais trouvé ou saisi l'occasion de se rendre témoignage l'un à l'autre. Ils marchaient cependant dans la même voie, poursuivaient le même but, une émancipation disciplinée de la conscience : Constant avec une teinte de protestantisme, qui lui venait de ses ascendants, Senancour avec une nuance de théosophie, qui devait aller s'affirmant de plus en plus, ni l'un ni l'autre voltairiens, quoi qu'on ait pu dire et malgré la sérieuse estime en laquelle ils tenaient Voltaire.

C'est grand dommage que Sainte-Beuve, qui poussait si loin l'art de faire revivre les personnes et d'illuminer les figures, n'ait pas pris en quelque considération ces écrivains si populaires à leur époque et si méritants ! Pour quelques-uns, il y eut de sa part des raisons personnelles. Les voltairiens du *Constitutionnel* et de la *Minerve*, comme plus tard ceux du *National*, tenaient le romantisme en médiocre estime. Lors de la publication de *Joseph Delorme*, Jay crut devoir prendre Sainte-Beuve à partie. Il apporta dans sa controverse peu de mesure et peu de tact. Sainte-Beuve le lui fit bien sentir, lorsque, en 1832, il eut à rendre compte dans *le Globe* de la réception de Jay à l'Académie française. On trouvera cet article aigre-doux, et plus aigre que doux, au tome II des *Premiers Lundis*. Depuis, ce nom n'est jamais revenu sous la plume du critique. Les antiromantiques lui étaient restés en horreur [1].

Sur ce point, d'ailleurs, Senancour n'était guère en communauté d'idées avec ses amis. L'écrivain qui avait eu les audaces d'*Obermann* devait incliner et inclinait en effet vers la nouvelle école, ainsi que le démontrent les notes des *Troisièmes Rêveries*.

C'est probablement par l'intermédiaire de son ami, le libraire Boisjolin, que Senancour fut mis en relations avec Lecointe et Durey, qui publiaient une série de *Résumés historiques*, ou plutôt avec les directeurs de cette entreprise, Félix Bodin et Léon Thiessé. Ces noms, qui ne disent rien au public d'aujourd'hui, avaient alors leur signification et exerçaient une certaine influence. Ce fut Léon Thiessé que l'on chargea de présenter aux lecteurs de la Restauration le *Cours de littérature* de La Harpe. Félix Bodin était plus spécialement politique. Il se donna corps et âme à cette œuvre des *Résumés* poussée assez loin dans une direction libérale et destinée à battre en brèche le royalisme intransigeant et l'ultramontanisme. Cette collection, dont on rencontre encore bon nombre d'exemplaires sur les quais, était assurément fort inégale. Quelques collaborateurs s'y firent pourtant remarquer, Ferdinand Denis pour son *Histoire littéraire du Portugal et du Brésil*, Armand Carrel pour ses études sur l'*Écosse et la contre-révolution d'Angleterre*. Senancour donna trois ouvrages : *Résumé de l'histoire de la Chine* (1824), *Résumé de l'histoire des traditions morales et religieuses* (1825), *Ré-*

---

[1] Voir l'appendice C.

sumé de l'histoire romaine, divisé en deux parties : *République* et *Empire* (1827). Il ne convient pas d'insister sur ces travaux, qui furent mieux certainement que des compilations, mais qui, à coup sûr, n'auraient pas suffi pour mettre un écrivain en lumière ou même le signaler à l'attention. Je me bornerai à faire observer que l'auteur s'y conforme rigoureusement à sa propre maxime : « Tout travail dont les circonstances ne nous font pas un devoir est frivole, s'il ne sert pas au perfectionnement ou au soulagement des hommes. »

Il écrit donc en moraliste des pages fortes, graves, sensées, dégageant la leçon des faits, et, ce qui est parfois visible, ne s'attachant aux faits qu'à cause de la leçon. La Chine, ce pays cher aux philosophes du xviiie siècle, l'attirait par sa bonne réputation de tranquillité patriarcale et par les doctrines, peut-être mal interprétées, de Confucius. Dans l'*Histoire romaine*, il s'arrête avec complaisance sur les grands et vertueux princes, les Antonin, les Trajan, les Marc-Aurèle. On sent qu'il a un faible pour Julien et une pointe d'amertume contre Constantin. Tout ce qu'il dit est plus judicieux qu'original, pas assez relevé comme couleur ou comme intuition historique. De Beaufort, de Lévesque de Pouilly, de Niebuhr, qu'il semble connaître, il ne tire aucune indication décisive. La *Science nouvelle* de Vico, inaugurant la méthode qui allait renouveler l'histoire, paraît en cette année 1827, avec un vivant commentaire de Michelet. Ce même Michelet publie en 1831 son *Histoire romaine*, richement documentée, brillamment écrite et qui reléguera définitivement dans l'ombre les modestes productions antérieures.

Je ne me suis pas astreint à l'ordre chronologique, car entre la *Chine* et l'*Histoire romaine* se place le *Résumé des traditions*. La première édition est de 1825, sous la rubrique *Résumés supplémentaires*. Si elle ne passa pas inaperçue pour le public, très friand alors de ces sortes de livres, elle échappa du moins à la vigilance du parquet. Cela est d'autant plus surprenant que justement en 1825 la police s'était opposée à la réimpression des *Observations sur le Génie du christianisme*. L'administration prit sa revanche en 1827, à la seconde édition des *Traditions morales*. L'ouvrage fut saisi et déféré à la police correctionnelle.

Ce procès a tenu une grande place et, disons-le tout de suite, une place très honorable dans la vie de Senancour. Il lui a rendu service en ce sens qu'il a remis son nom dans ce qu'on peut appeler la circulation générale, dans la mémoire des hommes qui lisent les journaux plus volontiers que les livres, et dans les journaux surtout ce qui fait scandale. Boisjolin, éditeur avisé, en profita pour lancer presque coup sur coup une nouvelle édition de l'*Amour* et une deuxième édition des *Libres Méditations*.

Avant de parler du procès, parlons un peu de l'ouvrage qui en fut la cause ou du moins le prétexte. L'idée qui a inspiré le *Résumé des traditions* était familière aux écrivains du XVIIIᵉ siècle. On la trouve dans Voltaire, dans Fréret et plus particulièrement dans Boulanger. Elle a été reprise de nos jours avec éclat par Michelet dans *la Bible de l'humanité*, par Quinet dans *le Génie des religions*. Cette idée, c'est qu'à travers les ténèbres du fétichisme, les incohérences de la superstition, à côté des dogmes imposés, des révélations supposées, des inventions ou des pratiques sacerdotales, la pure conscience et la saine raison n'ont jamais perdu leurs droits, jamais abdiqué, jamais permis qu'une prescription définitive s'établît. De même que Nicole a pu écrire *la Perpétuité de la foi*, de même les philosophes peuvent se croire autorisés à démontrer en quelque sorte la perpétuité de la sagesse. Il y a là, en effet, un parallélisme fait pour séduire, mais ce parallélisme n'est pas sans quelques inconvénients, et même sans quelques dangers. On est toujours tenté de céder à ses préférences : la balance est difficile à tenir.

Un péril presque inévitable en pareille matière se présente, surtout quand on vient à rencontrer le christianisme. L'alternative qui se pose est celle-ci : ou bien la sagesse est d'accord avec la révélation chrétienne, et alors, comme elle lui est antérieure, cette dernière est parfaitement inutile et superflue ; ou bien la révélation est en désaccord avec la sagesse, et dans ce cas elle doit être résolument écartée, au moins par les sectateurs de celle-ci. C'est à cet écueil que Senancour, malgré sa modération et sa prudence, devait venir se heurter.

La science des religions commence aujourd'hui à se constituer sérieusement. Elle a sa chaire au Collège de France, et un peu partout ses interprètes autorisés. Strauss, Michel Nicolas, Fustel de Coulanges, Renan, Alfred Maury, Albert Réville, Georges Perrot, pour ne citer que quelques noms, ont élargi la voie, créé la méthode, éclairci plus d'un point obscur. On n'en était pas là en 1825 ni même en 1827. On n'avait encore que des guides peu sûrs, une érudition restreinte, des objets de comparaison en trop petit nombre. Le grand ouvrage de Benjamin Constant ne devait paraître qu'en 1830. L'auteur, par ses relations avec l'Allemagne savante, notamment avec les Schlegel, par sa curiosité infinie, ses immenses lectures, la subtilité de sa dialectique, devait donner un modèle, malheureusement trop peu suivi pendant des années. Dans tous les cas, Senancour

n'aurait jamais eu tant de ressources à sa disposition,
et des sources qu'il pouvait consulter, il a tiré vraiment
bon parti. Sa critique est un peu tâtonnante, parfois
trop vague, parfois trop méticuleuse, souvent servie
cependant par un instinct qui s'affirme d'autant plus
religieux qu'il est moins chrétien. J'ai dit que le but de
l'ouvrage est d'instituer une sorte de parallélisme entre
les lueurs de la sagesse et les obscurités de la foi. Il
faut préciser davantage la nuance. Cette sagesse, Senancour n'en cherche pas uniquement l'expression dans
les philosophies antiques ou modernes, il en veut bien
trouver une part dans les religions elles-mêmes, à condition de séparer ces vérités de l'élément fétichiste suscité ou entretenu par l'enseignement sacerdotal.

Appliquée aux religions de la Grèce ou de l'Inde,
cette méthode pouvait ne pas offrir de trop grands inconvénients. Elle en présentait tout de suite dès que
l'on rencontrait le christianisme. Est-ce réellement
pour avoir appelé Jésus « un jeune sage, » ou pour
l'avoir qualifié de « respectable moraliste, » que Senancour a été incriminé ? L'avocat du roi, M. Levavasseur,
qui mit tant d'âpreté dans cette poursuite, visait évidemment l'esprit général du livre.

Par exemple, fidèle à son système, l'auteur des *Traditions* ne craignait pas d'établir dans les Évangiles
mêmes sa distinction favorite du bienfaisant et du nui-
sible, du raisonnable et de l'irrationnel.

« Quelques moralistes ont remarqué, jusque dans les
quatre Évangiles choisis, un certain nombre de passages difficiles à bien entendre, ou moins admirés
ailleurs que chez les chrétiens, et ces moralistes ont
composé deux recueils. Ils ont formé le premier de ce
que les lumières naturelles faisaient approuver, soit
dans les Évangiles, les apôtres et les docteurs, ou les

prélats nommés Pères de l'Église, soit dans les sermonnaires et dans d'autres auteurs regardés comme orthodoxes. Le second recueil, non moins étendu, comprend ce qu'on a cru trouver d'équivoque dans ces mêmes livres, ou de susceptible d'une funeste interprétation, depuis les premiers jours, depuis les Augustin ou les Chrysostome jusqu'à nos contemporains. »

Cette distinction n'était pas faite pour plaire aux orthodoxes, pas plus que les objections contre la possibilité du déluge et l'inspiration divine de l'Ancien Testament. Ils ne pouvaient goûter davantage cette page ironique où la morale indoue était implicitement louée aux dépens d'une autre doctrine.

« Les disciples de Brahma ont été appelés en Grèce gymnosophistes ou sages nus, soit parce que dans quelques-uns de leurs exercices ils restaient sans vêtements, soit parce que leur doctrine n'avait d'autre base que la vérité sans voile. Ils disaient qu'on doit le bien pour le mal ; que, lorsqu'on donne aux infortunés, il convient de le faire en secret ; que l'homme le moins vicieux ne peut être réellement bon s'il néglige de cultiver sa raison ; qu'il faut triompher de ses passions pour s'approcher de Dieu ; que celui qu'elles subjuguent n'est qu'un singe retenu par une chaîne ; qu'enfin on n'est vertueux qu'en faisant le bien avec désintéressement, sans calculer si jamais on en recueillera le fruit. On aimerait cette morale, on serait exposé à l'admirer, si on ne savait pas que chez les infidèles une haute raison apparente n'est qu'une turpitude déguisée. »

Voilà donc une très belle morale, et très salutaire, qui ne relève nullement des doctrines chrétiennes. Avançons davantage. L'auteur ne craindra pas de poser la morale, non point comme hostile au sentiment religieux, mais comme absolument indépendante à son égard.

« C'est seulement dans des États mal réglés que la crainte de Dieu paraît indispensable pour consacrer la patience du grand nombre, pour réprimer des penchants vicieux excités par de mauvaises lois ou de mauvaises coutumes. Si cette connaissance de Dieu n'était bonne que pour empêcher quelquefois le mal, elle ressemblerait à une invention des législateurs, à un artifice de la politique. L'idée de Dieu est plus grande, elle est utile parce qu'elle est consolante, et surtout parce qu'elle est vraie. Malheur aux peuples qui la trouvent absolument nécessaire pour l'ordre ! Mais chez tous elle est nécessaire comme vérité sublime. »

Un très spirituel moraliste, trop peu connu, Ancillon, a dit quelque part qu'il ne faut pas se servir du feu sacré pour allumer son poêle et faire cuire ses aliments. C'était aussi le sentiment de Senancour. Il n'admettait pas Dieu comme une sorte d'ingrédient social, indispensable à la police des États. Il se refusait également à pactiser avec ce qu'il appelait les croyances superstitieuses. « Dans cet essai, écrit-il, on s'occupera le moins possible des folies dogmatiques, vantées avec tant de zèle et reçues avec tant de confiance ; chacune d'elles étant méprisée dans les lieux où elle ne règne pas expressément, toutes sont jugées. » Ces quelques lignes de la préface sont à rapprocher de la très éloquente et très digne *Conclusion*. Celle-ci est trop étendue pour que je puisse la transcrire. J'en veux dégager seulement deux pensées : la première, relative à la philosophie du xviiiᵉ siècle. « On a demandé s'il n'y avait pas eu assez de liberté, assez de raison philosophique au xviiiᵉ siècle. Non, la liberté d'esprit se croyait encore réduite à prendre l'attitude de la licence. » Réponse très nette et qui marque avec précision le point où l'écrivain se séparait des encyclopédistes. L'autre, où le ferme espoir du philosophe et sa haute aspiration s'affirment décidément. « *Si l'esprit devient moins aveugle, l'âme sera plus religieuse.* Quand de vains simulacres ne fatigueront plus des yeux formés pour une autre lumière, ils s'ouvriront aux clartés divines ; l'œuvre de l'homme tombée en désuétude laissera apparaître sans voile l'ineffable empreinte d'une plus haute pensée. »

Tel est ce livre dans ce qu'il a de durable, d'efficace et d'essentiel. Il était absolument nécessaire de le faire connaître avant de produire sous les yeux du lecteur le passage incriminé, lequel présenté isolément n'aurait guère offert de sens. Le voici maintenant dans toute sa nudité ou toute son horreur, comme on voudra :

« La purification au moyen de l'eau était usitée en Orient. Un solitaire appartenant peut-être à une secte qui, sous le nom de Sabis, existait encore en Perse du temps de Chardin, baptisa ses disciples sur les bords d'un torrent de la Judée : il y baptisa *un jeune sage* que bientôt des Juifs placèrent au nombre des prophètes. Ce dernier réformateur paraissait avoir puisé quelque notion particulière d'une haute doctrine, soit en Égypte, d'où il revenait, dit-on, soit en écoutant les Esséniens ou les plus raisonnables d'entre les Pharisiens : on le nommait Jésus.... »

Après une dissertation quelque peu subtile sur le rapport qu'on peut trouver entre le nom de Jésus et ceux de Zeus, de Jéhovah et même du dieu indou Krisna, il concluait en disant :

« D'autres analogies ont fait penser que Jésus enseignant vers le Jourdain quatorze siècles environ après la mémorable apparition de Krisna vers le Gange, a été simplement au nombre des prophètes hébreux, ou des chefs de secte, et que depuis la mort de ce *respectable moraliste*, on lui a prêté les attributs d'un personnage allégorique, d'après beaucoup d'idées orientales, et surtout d'après l'attente vague d'un Sauveur, entretenue depuis les temps diluviens. Des critiques, qui semblent s'être attachés à dire quelque chose de plus original, ont même supposé que Jésus n'avait pas existé ; on ne trouve sur ce sujet, observaient-ils, aucun monument important et authentique dans le sens ordinaire. »

Cette page, aujourd'hui, nous semble bien anodine, et c'est le cas de dire que nous en avons vu ou lu bien d'autres. Certes ce n'était point un pas en avant sur le xviii° siècle, mais plutôt une atténuation et comme une sorte de compromis. Les dévots ne le prirent pas ainsi. Quoique fort ébranlé, M. de Villèle était encore au pouvoir et la Congrégation dominait. La seconde édition des *Traditions* était à peine parue que la poursuite fut décidée.

Une note manuscrite que je trouve dans les papiers de Senancour nous renseigne sur la marche de l'affaire. J'en donne telle quelle la première partie :

« Le 11 mai 1827, appris saisie de deuxième édition de *Traditions morales et religieuses*.... été chez le juge d'instruction le 13.

« J'ai vu Berville, avocat dans cette occasion du libraire Lecointe.

« Au tribunal de première instance audience (et remise), les 3, 17, 31 juillet.

« Le 7 août, affaire discutée.

« Le 14, jugement prononcé. 300 fr. amende et neuf mois de prison. »

Appel fut interjeté immédiatement.

Lorsque l'affaire revint au mois de janvier de l'année suivante devant la cour royale de Paris, la situation politique avait considérablement changé. Martignac était au ministère, et la Congrégation, tout en travaillant à prendre sa revanche, portait l'oreille basse. Le moment était opportun pour s'expliquer et être écouté. Notre philosophe le saisit.

« L'auteur des *Traditions*, commença-t-il par dire en se présentant devant la juridiction nouvelle, n'a pas seulement pour objet de protester contre une décision dont on ne pouvait n'être pas généralement surpris, mais aussi de rétablir, dans un intérêt moins circonscrit et par vos lumières, l'état de la question. Il l'exposera dans les termes les plus simples.

« Les croyances religieuses sont toutes protégées : tel est parmi nous le principe légal. Cette protection même demandant que les fidèles des différents cultes ne s'irritent pas mutuellement, une loi devait défendre l'outrage. Qu'est-ce que l'outrage relativement au culte ? Si généralement on déterminait avec plus de soin la valeur des mots, il ne serait pas aussi difficile de ne rencontrer dans les occasions solennelles que des hommes justes. La loi relative à l'outrage ne peut être interprétée que d'une manière, et le sens naturel se trouve le seul permis ; autrement cette loi deviendrait elle-même illégitime, puisqu'elle serait en opposition avec la loi fondamentale.

« Comment l'outrage consisterait-il à ne pas déclarer divine l'origine d'une croyance ? Il n'est pas un culte dont chaque jour la légitimité ne soit contestée par les autres cultes, ce qui est inséparable de leur droit de se livrer, pour se maintenir, à la controverse. Nulle Église ne saurait insister sur l'excellence spéciale de sa doctrine, sans blâmer par cela même les symboles contraires. « Si à l'égard de chaque culte, disait à la tribune un ministre du roi, on ne pouvait alléguer qu'il est faux, il n'y aurait plus de liberté des cultes. »

« *En vain*, est-il dit dans les motifs du jugement
rendu le 14 août, *on invoque* (en faveur du livre des
Traditions) *la liberté des cultes ; elle ne saurait le protéger, puisque la doctrine contenue dans l'ouvrage est
l'absence de tous les cultes.* Il y a dans ces mots une
assertion et non un argument. L'assertion prouve que
le livre est bien peu connu de ceux qui l'ont hasardée.
Quant au raisonnement, il surprendra plus encore. Par
quelle subtilité indigne de la loi aurait-elle séparé de
la liberté des cultes la liberté de conscience religieuse ?
Il ne manquerait donc à l'auteur, pour être disculpé, que
d'avoir arboré l'une des bannières qui, selon la doctrine
inséparable du culte de l'État, sont toutes les bannières
de l'hérésie ou de l'impiété. Un grand nombre d'adora-
teurs de la divinité sont très religieux, bien qu'ils n'admettent pas le symbole de communions les plus connues.

« La situation du penseur religieux à l'égard des diverses communions régulièrement constituées se trouve
ici très exactement établie et définie. Pour discuter un
culte ou simplement telle cérémonie, telle pratique, il
faut appartenir à un autre culte, à une religion adverse.
A moins d'être un ennemi déclaré, on perd tout droit
de contrôle. Les cultes sont libres, mais à condition que
les opinions ne le soient pas. Cette liberté ainsi interprétée devient un monopole, un privilège. Le théosophe, le déiste, sont réputés indignes de porter un
jugement sur les questions religieuses, et même sont
considérés comme coupables lorsqu'ils s'en avisent ;
on leur refuse aussi le droit d'éprouver, de manifester
le moindre sentiment de piété, tout cela parce qu'aux
religions officielles ils préfèrent le sentiment humain
et religieux dans sa généralité, parce que, pour juger
et peser les choses, ils veulent demeurer impartiaux,
n'entrer dans aucun camp, dans aucune chapelle.

« Accoutumés aux calmes procédés de la recherche philosophique, ils s'interdisent les violences de langage qui prouvent beaucoup plus le défaut d'éducation, la force du tempérament ou l'aveuglement de l'esprit de secte, que la profondeur réfléchie de la croyance. Quiconque n'est pas intolérant est-il donc incapable, *ipso facto*, d'avoir une opinion en matière de foi, de distinguer dans les différents cultes ce qu'ils ont de bon et de mauvais, de comprendre, de prier Dieu, de s'élever à une conception religieuse de la destinée universelle ? C'est ce qui semblerait résulter de la position toute particulière que l'on fait aux déistes. »

Israélite ou musulman, Senancour aurait pu parler de Jésus, de sa divinité, avec une liberté voisine de l'amertume ou de la violence ; il eût été légalement irréprochable. N'étant que théosophe, il se trouve avoir offensé le fondateur du christianisme en s'exprimant sur son compte dans les termes de la plus sincère, de la plus exquise convenance.

Après avoir relevé ce contresens et rappelé de quelle façon outrageuse un ecclésiastique célèbre venait récemment de traiter les disciples de Moïse, Senancour continue :

« Aucun passage des *Traditions* ne contient un outrage dans le sens naturel ou dans le seul sens légal admissible. On en voit la preuve dans les motifs mêmes du jugement. Il y est dit : « Ces outrages consistent principalement à nier de la manière la plus formelle la divinité de Jésus en le qualifiant de jeune sage, de respectable moraliste. » Dans ces expressions, jeune sage, respectable moraliste, il n'y a pas d'outrage ; on n'y pourrait chercher d'ailleurs qu'une opinion et non une négation formelle. Il est malheureux d'être appelé à prononcer une décision dans de semblables matières quand on les connaît si peu. Lorsque la question est grande, il n'est pas de jugement sans appel devant l'Europe ou devant l'avenir. Si même le dogme dont il s'agit paraissait nié formellement dans ce livre où, au contraire, il ne se trouve pas qu'on se soit expliqué à cet égard, serait-ce un outrage ? Les fidèles, dans quelques sectes, rejettent ce dogme et ne sont pas proscrits pour être antitrinitaires, comme l'ont été une partie des hommes les plus illustres et les plus religieux de l'Occident chrétien. »

On songe, malgré soi, en lisant ces lignes, à la fameuse phrase de Renan qui souleva de si grandes colères, il y a quelques années. Personne n'a oublié que, dans la première leçon qu'il fit au Collège de France, le savant professeur ayant dû nommer Jésus, ajouta aussitôt, pour caractériser cette personnalité extraordinaire et ne laisser aucune ombre sur sa façon de penser à cet égard : « Homme incomparable. Si grand que, bien qu'ici tout doive être jugé au point de vue de la science positive, je ne voudrais pas contredire ceux qui, frappés du caractère exceptionnel de son œuvre, l'appellent Dieu.... » Les clameurs des dévots furent telles, que le cours fut suspendu et, plus tard, le professeur destitué. Que les catholiques n'aiment pas plus *homme incomparable* que *jeune sage*, cela se comprend, et, à leur point de vue, ils ont raison ; mais que l'État, dans une de ces circonstances, et la magistrature dans l'autre, se soient laissé intimider par des démonstrations aussi contraires à la loi qu'au bon sens, ou aient épousé des ressentiments qui ne devraient pas franchir le seuil du sanctuaire, c'est là ce qui, pour les hommes habitués à réfléchir, sera toujours un sujet d'étonnement, de scandale et d'affliction.

On aura remarqué l'allusion que fait Senancour aux

sectes indépendantes du protestantisme américain. Elle est d'autant plus curieuse qu'au moment même où le théosophe français s'exprimait de la sorte, le sage et vertueux Channing jetait les bases de l'Église unitaire et commençait l'œuvre si courageusement reprise et poursuivie après lui par Théodore Parker.

Faut-il dire, en modifiant à peine le mot de Pascal : Vérité au delà des mers, erreur en deçà ? Non assurément. Nous ne sommes ni plus indignes ni plus incapables que les Américains, de saisir et de pratiquer le vrai ; mais ils ont sur nous un grand avantage. Chez eux, on ne considère pas la stabilité de l'organisation politique et sociale comme inséparable de la fortune et de la sécurité de tel ou tel dogme. Ils ne connaissent pas, en fait de religion, ce que nous osons nommer les nécessités politiques. Peut-être parmi les hommes qui, en première instance, condamnaient Senancour, en était-il plus d'un qui pensait au fond comme lui, mais le salut de l'État, de la société, invoqué par le ministère public, devait emporter et déterminer le suffrage dans le sens de la rigueur. C'est ce que le philosophe a bien senti et ce qui lui a inspiré ce beau mouvement.

« Tout se réduit à opter entre deux maximes de conduite. La vérité est-elle un besoin de notre intelligence émanée de la vérité divine ? Alors on comprendra ce mot de l'Évangile : « Quiconque fait le mal hait la lumière. » En effet, la lumière et la rectitude étant inséparables, haïr la lumière, ne pas vouloir qu'on la cherche avec modération et bonne foi, ce serait déjà favoriser le mal. Si donc ce principe doit prévaloir, le respect pour la vérité sera une convenance morale, une loi politique, une nécessité religieuse : tout examen sérieux, grave et franc sera légitime.

« Si, au contraire, il ne s'agit plus de sincérité, de

justice, de religion profonde : si la prudence, à la tête
des États, n'est qu'un art exercé pour le vain plaisir de
la domination ; si la vérité, si la divinité sont aussi en
oubli, s'il suffit d'avoir, au hasard, selon les pays, quelques croyances qu'on ne puisse examiner, c'est-à-dire
qui ne pénètrent point jusqu'à l'âme, mais qui deviennent un triste moyen de police ; si, parmi nous, la loi
n'est conçue en termes raisonnables que pour nous
abuser ; si, dans cette supposition étrange, que je suis
loin d'admettre comme positive, le mot outrage n'est
qu'un prétexte pour empêcher un examen qui n'outrage point, regrettons alors que les circonstances ne
soient pas plus grandes. En souffrant moins obscuré-
ment pour la vérité, on serait moins inutile. Il faudra
peut-être regretter que le cours du temps ait refroidi
les bûchers. Il y avait quelque chose de moins lent pour
la passion de ceux qui haïssaient la lumière, et de moins
lent aussi pour la délivrance de leurs victimes. Si celui
qui ne veut qu'être vrai importune, qu'on s'en délivre :
il y aura peu de malheur. Mais si cela n'est plus selon
nos usages, qu'on supporte sa bonne foi, afin qu'il
trouve ce genre de repos dans une patrie qui l'a du
moins admis fortement en partage des malheurs pu-
blics. »

Ces derniers mots, dont l'énergie contenue et la mâle
tristesse ont quelque chose de frappant, nous paraissent
bien significatifs. Ils montrent l'homme sous le philosophe, et font voir que le sage, en face d'évènements
qui blessent sa conscience, et confondent sa raison,
n'est pas plus qu'un autre exempt d'émotions douloureuses ; il parvient à les maîtriser, mais il en souffre
cruellement.

En se déclarant prêt à subir, pour rendre témoignage
à la pureté, à la solidité de ses convictions, une déci-

sive et suprême épreuve, Senancour ne prenait pas à plaisir une attitude, et ne cherchait point à se placer sur un piédestal. Il était, nous en sommes persuadé, rigoureusement de bonne foi. Uniquement voué au culte du vrai, il aurait envisagé sans effroi, et peut-être même avec une certaine satisfaction intime, la perspective du martyre. Les temps de transaction et d'hypocrisie qu'il traversait pesaient étrangement à cet ami de la sincérité absolue.

Ces fragments de son apologie viennent à l'appui de de nos remarques. Le ton de cette défense est calme, modéré, mais dans son élévation constante et passablement dédaigneuse, d'une invincible fermeté. Dans le cours de son plaidoyer, il eut occasion de parler de lui-même ; il le fit avec beaucoup de convenance et de noblesse, sans fausse modestie comme sans ostentation, aussi peu enclin à se diminuer qu'à s'exagérer.

« L'auteur (des *Traditions*), demandait-il en répondant à ses accusateurs tout en faisant avec une candeur bien spirituelle son examen de conscience, l'auteur écrit-il en général avec passion, désirerait-il agiter les esprits ? Il n'en sera pas accusé. Autant qu'il l'a pu, il a vécu à la campagne, et on sait qu'il ne prenait aucun soin pour faire parler de ses livres. Adoptera-t-il des moyens équivoques pour le triomphe de ses opinions, voudra-t-il jamais que d'autres hommes soient troublés dans les leurs ? Nullement ; il ne s'adresse en général qu'aux esprits éclairés, et, dans le livre même des *Traditions*, il dit à ceux qui sont disposés à écarter les idées religieuses comme une servitude de la pensée, il leur dit du commencement à la fin : Remarquez combien il est faux que la partie élevée des peuples n'ait pas reconnu le règne de la Divinité et les sages conséquences de cette notion impérissable.

« Quand on ne sépare pas de l'idée de l'ordre l'idée
de la vérité, si l'on se propose d'avoir de l'influence
par ses écrits, c'est dans l'avenir. Cette disposition
pacifique et silencieuse en quelque sorte méritait peu
d'animadversion. Écrire sur des objets importants sans
amour de la vérité, ce serait trop descendre. »

Notre philosophe n'était pas de ceux qui descendent
volontiers et contribuent avec un triste zèle à faire descendre les autres ; il aimait au contraire à s'élever et,
dans son ascension ininterrompue, il eût voulu entraîner à sa suite tous les esprits dignes de chercher le
vrai et de goûter le bien. Cet homme qu'on a trop souvent représenté comme un désespéré, d'après une
œuvre isolée et d'une interprétation difficile, *Oberman*,
se réfugiait vers la fin de sa vie et se complaisait dans
la plus haute espérance.

L'acquittement s'imposait. Il fut prononcé avec une
certaine solennité le 22 janvier 1828. Le premier président, Séguier, avait tenu à présider lui-même la Cour.
Le 26 janvier, Dubois (de la Loire-Inférieure), rendant
compte de ce procès dans le *Globe*, écrivait : « Le pré-
venu et l'avocat ont apporté dans leur défense une
fermeté si modeste, une tranquillité d'esprit si parfaite,
que cette séance d'un tribunal avait l'air d'une conférence paisible. » L'arrêt fut presque unanimement
approuvé par la presse libérale, le *Courrier*, les *Dé-
bats* (23 janvier), la *Gazette des tribunaux* (même date),
la *Pandore* (24 janvier), le *Constitutionnel* (23 et
24 janvier). Je relève ces indications sur les notes
mêmes de Senancour. J'y vois aussi qu'il fit une visite
au président Dupaty et une autre à M. Séguier, sans
rencontrer ce dernier. Le surlendemain du jugement,
il lui écrivit pour le remercier. Parmi les personnes qui,
selon son expression, prirent beaucoup de part à son

affaire, il cite le docteur Alibert, MM. Marcotte d'Argen-
teuil, Jay, — surtout Alibert. A deux reprises, il mentionne Berville, son avocat. On regrette qu'il ne nous
ait pas donné quelques détails sur le plaidoyer de celui-
ci. Berville était l'avocat des libéraux. Il s'était fait une
grande réputation en défendant Paul-Louis Courier dans
l'affaire de Chambord. Ce spirituel avocat avait cependant des clients qui ne se contentaient pas d'avoir eu
recours à lui. Ils voulaient plaider eux-mêmes leur
cause. Senancour, malgré sa réserve habituelle, tint à
exposer personnellement ses raisons. Paul-Louis ne
parla point, mais il écrivit une défense qui est un chef-
d'œuvre. Le scandale du procès et le retentissement de
l'acquittement avaient été assez grands pour qu'un
autre que Senancour songeât à exploiter ce succès. On
le connaît maintenant assez pour être assuré qu'il n'en
fit rien. Se détournant au contraire de toute polémique,
il reprit son livre des *Méditations* publié en 1819, et
s'efforça de le perfectionner encore. A côté du dialecticien, il voulait montrer le théosophe ; au-dessus de
l'auteur d'*Oberman* et peut-être avec l'arrière-pensée de
le faire oublier, il se préoccupait d'élever un monument, si humble qu'il fût, à la piété vraie, et d'allumer,
de cette main que l'on disait impie, la lampe du sanctuaire pour les âmes vraiment religieuses [1].

[1] Un dernier souvenir de ce procès fut évoqué à juste titre et avec
beaucoup d'à-propos, par Sainte-Beuve, le 7 mai 1868, lorsqu'on
discuta au Sénat la loi sur la liberté de la presse, ou, à mieux parler, sur la liberté de conscience Sainte-Beuve demandait la juridiction du jury pour que l'on ne confondît point l'attaque théori-
que à des croyances religieuses avec les outrages à la morale publique et aux bonnes mœurs : « Ah ! messieurs, s'écriait-il, toutes
les fois que cette question revient, ma pensée est assaillie d'un
souvenir ; ce souvenir est bien ancien et n'a rien qui puisse passion-
ner les esprits. Sous la Restauration, le 7 août 1827, sous une ju-

ridiction pareille à celle qu'on maintient aujourd'hui, on a vu comparaître devant le tribunal de police correctionnelle un homme vénérable, un homme de bien, un philosophe éminent, M. de Senancour, auteur d'un *Résumé de l'histoire des traditions morales et religieuses*; on l'a vu, pour quelques phrases qui ne semblaient pas assez respectueuses envers les religions positives, accusé avec véhémence par un avocat du roi qui ne croyait que remplir son devoir; on l'a vu, comme de juste, condamné par le tribunal : car, d'ordinaire et provisoirement, en pareil cas, la police correctionnelle commence par condamner. Ce n'est qu'en appel, six mois après, le 22 janvier 1828, devant la Cour royale, que le noble, l'intègre écrivain, sur la défense éloquente de M⁰ Berville, fut renvoyé de la plainte. Mais de quoi vous plaignez-vous vous-même, me dira-t-on, puisque cet accusé a été finalement acquitté? Oui, messieurs; mais, moi aussi, j'ai voulu étudier cette question; j'ai lu les réquisitoires du parquet d'alors, je les ai comparés à d'autres réquisitoires plus récents, et j'en ai souffert pour les honnêtes gens qui s'étaient vus obligés de soutenir, en des termes qui se ressemblent fâcheusement à toutes les époques, de semblables accusations contre un homme de bien. »

CHAPITRE X

Théosophie et morale. — *Libres méditations d'un solitaire*
(1819-1830).

———

Dans les curieux *Souvenirs d'un page de Louis XVI*,
le comte d'Hézecques raconte quel était le train habituel
de la cour vers les dernières années du règne, lorsque
le roi allait passer quelque temps à Fontainebleau. Il
parle nécessairement des chasses et des courses dans
la forêt, et après avoir décrit quelques-unes des singu-
larités que l'on y rencontrait alors, il ajoute : « Un
ermite s'était construit dans le rocher Saint-Germain
une jolie habitation en extrayant de la roche, pour y
creuser sa grotte, des espèces de pétrifications qu'il
vendait aux étrangers. » Cette brève mention a pu ne
paraître, à la plupart des lecteurs, qu'un renseignement
de peu d'importance. Elle offre au biographe de Senancour beaucoup d'intérêt, car elle prouve que dans la
fiction qui sert d'introduction plutôt encore que de cadre aux *Méditations d'un Solitaire*, il entre un élément
emprunté à la réalité.

Un ouvrier terrassier nommé Lallemant s'était établi,
vers 1753, dans la partie septentrionale du rocher Saint-
Germain, sur la pente qui conduit du plateau de Belle-
Croix au pont de Valvin. Il n'avait pas eu la peine, comme
le pense le comte d'Hézecques, de se creuser une grotte,
et l'entrée d'une carrière abandonnée lui avait semblé

suffisante pour installer sa sauvage demeure. Lallemant passa dans cette retraite plus de cinquante années de sa vie. Il avait fini par devenir l'une des curio-
sités de la forêt. Des personnes s'intéressaient à lui.
On lui envoyait du gibier, du vin, mais il n'acceptait
que très difficilement ces témoignages de bienveillance.
Quant aux grès cristallisés, dont le rocher Saint-Germain
était alors rempli, la tradition ne dit pas que Lallemant
en ait fait commerce. Un petit terrain qu'il s'était ap-
proprié lui fournissait des légumes pour sa subsistance.
La régularité administrative ne se serait guère accom-
modée d'un genre de vie si étrange, mais Louis XVI, qui
connaissait l'ermite, ne permit point qu'on l'inquiétât,
et sous les régimes suivants cette tolérance lui fut con-
tinuée.

Venu fort jeune, avec ses parents, passer un été aux
Basses-Loges, près de Fontainebleau, Senancour avait
été le voisin de l'ermite et s'était senti d'autant plus
frappé par ce singulier spectacle qu'il éprouvait lui-
même ou du moins croyait éprouver une véritable vocation érémitique [1]. On a pu reconnaître, à plusieurs des
fragments que j'ai cités, combien il demeura fidèle à cet
amour de la solitude, toujours contrarié par la difficulté
des circonstances. Tout au moins, arrivé au moment
d'écrire une œuvre décisive, voulut-il mêler à son rêve
un semblant de réalité; et c'est ainsi que le souvenir
de ce qu'il avait vu au rocher Saint-Germain, venant à
se réveiller dans son esprit, il fut amené à présenter,
d'une façon peu affirmative, il est vrai, le manuscrit
des *Méditations* comme ayant été trouvé dans la grotte
de Lallemant.

[1] Il faut rapprocher de la préface des *Libres méditations* ce qui
est dit à la lettre XII d'*Oberman*.

Laissons cette fiction, à laquelle Senancour n'attachait lui-même qu'une médiocre importance et que nous avons notée simplement parce qu'elle est significative. Voyons l'ouvrage dans son économie et dans sa teneur.

Le titre exact est celui-ci : *Libres méditations d'un solitaire inconnu sur divers objets de la morale religieuse, publiées par M. de Senancour.* Le volume [1] est de petit format, d'un texte très compact, atteignant à cinq cent soixante-dix-neuf pages, divisé en trente chapitres traitant chacun de sujets différents, et précédé d'une petite gravure symbolique dont il faut dire quelques mots. L'image représente un coin du firmament. A la partie inférieure on voit émerger une bande du globe terrestre sur laquelle sont écrits ces mots : *Doctrines passagères.* Tout en haut, bien au-dessus des étoiles, de la lune et du soleil, le rayonnement d'une auréole encadre ces autres mots : *Vérité divine.* A droite, sort d'un nuage une main tenant un volume tourné vers l'auréole et portant en abrégé le titre de *Libres méditations.* On dirait un livre de dévotion. C'en est un, en effet, ou, à parler plus exactement, c'est un manuel de haute spiritualité.

En parcourant la table des matières, on rencontre des chapitres intitulés : *Des misères humaines, De l'instabilité des choses présentes, De la soumission aux lois suprêmes, De l'immortalité, Du principe de l'harmonie générale* et enfin *Unité divine.* A côté de textes empruntés aux sages orientaux, grecs et latins, les notes contiennent des citations tirées du Nouveau Testament, de l'*Imitation de Jésus-Christ,* de Bossuet, de Malebranche, de Nicole. Bien que la première édition ait paru en 1819, ce n'est pas l'influence catholique de la

---

[1] Édition de 1830.

Restauration qui se fait sentir. Senancour est plus que
dégagé à cet égard. Il a pu même paraître hostile et en
quelques moments il l'a été. Mais dans les *Libres Méditations,* c'est à peine si l'on distingue quelques légères
indications polémiques.

Il n'y a pas trace davantage de thaumaturgie, de
théurgie, d'illuminisme à la mode de Martinez Pasqua-
lis, de Swedenborg, de Saint-Martin, *le philosophe inconnu.* D'un esprit aussi affranchi, d'un tempérament
aussi raisonneur, on n'ose affirmer le mysticisme. Et
pourtant, à bien chercher, rien d'autre ne *nous* apparaît dans les *Libres Méditations.* Sans doute, c'est un
livre de morale religieuse, mais cette morale ne s'exprime ni par des maximes, ni par des analyses mon-
daines, ni par des peintures satiriques. Senancour est
moraliste — au moins pour la forme et le ton de cet
écrit — à la manière de Nicole ou de Du Guet. La mo-
ralisation, si elle se produit, ne tient qu'à la foi qui le
possède et qui, par instants, déborde sous sa plume.

La diversité des sujets traités dans ce grave ouvrage,
que l'on pourrait aussi bien appeler le bréviaire d'un
méditatif, est plus apparente que réelle. Une pensée
mère inspire tout le livre et le domine. On n'exagérera
point si l'on dit que cette pensée, dont l'auteur est plein
et qu'il cherche à nous communiquer, n'est autre que
celle du bienfait moral procuré, apporté à l'homme par
la croyance en Dieu. Le moraliste s'établit dans cette
croyance, dans cette idée, comme dans un centre, près
d'une source, où il pourra puiser et d'où il pourra répandre le vrai. En célébrant certains mystiques, on a
écrit qu'ils portaient jusqu'à l'ivresse le sentiment du
divin. Il n'y a point d'ivresse dans les *Libres Méditations,* mais une sorte de plénitude calme et reposée,
qui se reflète partout, pénètre chaque détail, imprègne

jusqu'aux moindres phrases. C'est ce qui rend ici plus
difficile qu'ailleurs le choix des passages caractéristi-
ques. La mâle expression de cette piété sereine forme
un tissu qui vaut par son ensemble bien plus que par
telle ou telle parole détachée. Ne nous attendons point
à l'appareil des démonstrations, à de rigoureuses cons-
tructions logiques. Si l'auteur s'est piqué de dialectique
dans sa jeunesse; si, plus tard, il s'est complu à des
observations minutieuses, à des analyses parfois subtiles, ce n'est plus sur de tels moyens qu'il s'appuie
pour établir son sentiment ou faire pénétrer ses convictions dans l'âme de ses lecteurs. Ce qu'on peut appeler l'expérience spirituelle a remplacé l'expérience psy-
chologique qui, elle-même, avait succédé à une sorte
de notation matérielle des sensations. Une première
mesure fournie par les sens s'est trouvée défectueuse;
elle a été mise de côté. Le philosophe s'est adressé
alors à la conscience, au moi; là encore, la mesure s'est
trouvée imparfaite, non satisfaisante. Il a donc fallu
chercher dans une sphère supérieure. Quelle est cette
sphère ? Trois ou quatre lignes significatives vont nous
le dire :

« Comment celui qui admire les œuvres de Dieu se
lasserait-il de vivre? Exister, n'est-ce pas admirer et
aimer? Si l'on jugeait que Dieu n'est pas, n'ayant alors
rien de grand à prévoir, on prendrait peu d'intérêt au
cours des heures irrévocables. »

Voilà Dieu devenu pour le philosophe l'indispensable
moteur moral, la raison de l'intérêt qui préside à la vie,
la source intarissable de l'admiration et de l'amour,
bref, la mesure de toutes choses.

Remarquons en passant que Dieu ici et en plusieurs
autres endroits des *Libres Méditations* est expressément nommé. Jusqu'alors l'écrivain, en sa probité cir-

conspecte et même méticuleuse, ne voulant rien dire
qui dépassât sa pensée, s'était contenté d'appellations
vagues, telles que l'intelligence infinie ou la suprême
bonté. Maintenant un pas décisif est franchi. Nous
sommes loin du *Fatum* des *Premières Rêveries*. La contradiction néanmoins nous frappe assez peu, parce
qu'elle a été comme ébauchée dans les fluctuations
précédentes. Il en est de même pour l'immortalité. Le
solitaire n'hésite pas à faire de la persistance personnelle dans le temps indéfini une condition essentielle
de l'économie morale et sociale. Le désaccord avec le
passé est sur ce point plus accentué qu'au sujet de
l'action divine, car, on s'en souvient, Senancour au
début a traité dédaigneusement l'immortalité de chimère et, à la page 31 des *Libres Méditations*, il fait
dans le sens contraire cette déclaration très nette : « Si
je partageais le malheur de ceux qui regardent comme
chimérique notre immortalité.... j'aurais perdu la seule
attente qui puisse donner beaucoup de prix à l'existence. »

Ces contradictions assez fortes, qu'une étude assidue
et une attentive confrontation des œuvres successives
nous rendent sensibles, n'apparaissaient peut-être pas
à l'auteur avec la même netteté. Son procédé de correc-
tion, qui se rattachait étroitement à la nature même de
son esprit, ne lui permettait pas d'embrasser aisément
l'ensemble de ses travaux. Avec un scrupule et une
patience que rien ne décourageait, l'écrivain prodiguait
des retouches de détail, retouches de sens plutôt que de
style, et qui, portant sur des points parfois très opposés, s'accordaient assez mal entre elles, et souvent plus
mal encore avec les vues générales que le philosophe
voulait exprimer. Les *Rêveries*, ainsi que nous l'avons
fait remarquer au chapitre VII, se sont presque com-

plétement transformées sous ces corrections. A la longue, semblable aventure serait probablement arrivée
aux *Libres Méditations*. Entre la seconde édition, qui
parut en 1830, et la première, datée de 1819, il existe
des différences à peine perceptibles tout d'abord, et
pourtant significatives. Sur quelques feuillets épars, je
trouve minutieusement notées un certain nombre de
corrections à exécuter encore. Ce ne sont que des
nuances, convenables à l'endroit qu'elles visent, mais
tranchant sur les passages voisins.

On voit qu'avec un pareil procédé les contradictions
se glissaient facilement sous une plume inquiète et
sincère. Le progrès s'accomplissait d'une manière incontestable, mais il n'était point mis suffisamment en
relief par la consistance doctrinale du texte. Il s'en est
suivi que Senancour n'a eu qu'à demi conscience de
son évolution.

L'unité pour lui, l'unité qu'il se flattait de n'avoir jamais désertée et au sujet de laquelle il aimait à se
rendre témoignage, résidait tout entière dans la droiture de l'intention et dans la persévérance de la recherche. C'est ce qui lui faisait regarder ses divers ouvrages
comme une série de préparations. Il rêvait le dessin
magistral d'un monument définitif, mais en attendant
qu'il l'eût exécuté, il ne s'embarrassait ni de la variété
des esquisses ni de la complication des moyens. Aussi
a-t-il pu se contredire souvent sans se désavouer
jamais. Les brusques volte-face, même justifiées par la
plus parfaite bonne foi, étaient antipathiques à sa nature. J'ai eu sous les yeux une note manuscrite dans
laquelle il s'exprimait très durement sur le compte de
Lamennais, du Lamennais révolutionnaire, dont le sou-
dain et violent changement de front l'indisposait. Pour
son compte, il croyait avoir à rendre son œuvre meil-

leure, non à condamner des essais, téméraires peut-
être, mais toujours consciencieux.

« L'auteur, a-t-il écrit, à propos des anciennes *Rêveries*, peut avoir eu tort de publier, étant si jeune, ses
idées sur des objets pour lesquels ce ne serait pas assez
d'un demi-siècle de réflexions. A la vérité, il regardait
alors ces aperçus comme le simple préambule d'un
livre auquel il devait consacrer beaucoup plus de
temps.... Il y aurait quelque chose de simple à entreprendre ; il faudrait abandonner ces ébauches séparées
(*Oberman, Rêveries, Libres Méditations*, etc.), et puisqu'on en dispose, ou sans difficultés, ou du moins comme
éditeur, il faudrait en rapprocher plusieurs parties avec
un soin sévère, et en composer un volume, un seul. »

Quel eût été l'esprit de cet ouvrage unique, destiné
à résumer et à couronner la carrière philosophique de
Senancour ? On peut s'en faire une idée par quelques
fragments inédits.

En 1832, il se confiait ainsi à M. de Gérando, l'un de
ses meilleurs amis, dans une lettre tout intime :

« .... Relativement au but religieux et moral des
Libres Méditations, qu'il me soit permis de répéter en
confidence ce que me disait Lanjuinais en me montrant
sa bibliothèque : « Vous voyez là un millier d'ouvrages
sur des sujets religieux. Je n'en connais aucun où les
questions soient prises d'aussi haut et traitées dans
un style aussi élevé que dans vos *Méditations*. » Il ne
s'agit assurément pas de décider ici si ce mot doit être
ou non pris un peu à la lettre, mais d'observer que *si
ce livre, encore très retouché pour une édition future,
est une fois bien connu, il pourra en effet contribuer à
donner plus d'ascendant aux idées religieuses-philoso-
phiques ou pures qu'elles n'en ont maintenant, particulièrement en France.* »

La même affirmation se trouve dans une Note en quelque sorte officielle, adressée à l'Académie des Sciences morales, dont quelques-uns de ses amis lui avaient conseillé de rechercher les suffrages. Senancour y disait, après une brève énumération des ouvrages qui constituaient ses titres :

« L'éclaircissement des questions morales, et l'ascendant trop négligé des vraies idées religieuses seront toujours le principal objet de l'auteur des *Libres Méditations*. Ce livre est formellement consacré à ces notions considérées dans leur pureté inattaquable et approchant de la vérité telle que le genre humain pourra l'admettre dans tous les temps. L'auteur paraît le seul qui se soit expressément proposé ce but regardé par lui comme répondant au premier besoin de la société actuelle : il s'efforce de réconcilier avec les véritables idées religieuses beaucoup d'esprits désabusés des superstitions. *Même ce qui est descriptif dans les divers écrits cités ici a cela de particulier que les résultats en appartiennent à la connaissance du cœur humain et des rapports établis entre nos mouvements intérieurs et l'esprit de la nature.* »

Dans une lettre, également inédite et adressée, en 1833, à M. Dupin, membre de l'Académie et président de la Chambre des députés, il revient avec insistance sur le caractère particulièrement moral de ses écrits. Nous donnerons seulement le début de cette lettre :

« Le billet que j'ai reçu de vous, monsieur le Président, m'a beaucoup flatté. Deux lignes de votre main, et au milieu de vos occupations, ont un prix tout particulier, et il est des hommes en petit nombre dont l'estime serait toujours ou une récompense ou une consolation. Mes écrits (mentionnés dans la Notice qui est

peut-être encore entre vos mains), quelque éloignés
qu'ils soient de ce que j'aurais espéré, si, dès la première jeunesse, je n'avais pas été jeté, par les suites de
la Révolution, dans des circonstances très difficiles,
mes écrits ont un tel rapport d'objet avec les intentions
de l'Académie, d'après la dénomination qu'elle adopte,
qu'il était naturel que j'invoquasse sa bienveillance
préférablement en quelque sorte à celle des autres
classes de l'Institut. »

Le philosophe avait le droit, et dans ses communica-
tions intimes, et dans ses déclarations officielles, et
dans les dernières éditions de ses ouvrages, d'affirmer
l'indépendance, la persistance, la pureté, la hauteur de
son aspiration religieuse. Peut-être cette aspiration, ne
l'a-t-il jamais si bien exprimée, ne lui a-t-il donné une
forme plus satisfaisante que lorsqu'il a écrit dans les
Libres Méditations :

« La morale considérée dans toute son étendue est
la seule science à laquelle il faille s'attacher pour jamais, la seule qui donne, avec le bien-être actuel, l'avantage de ne point désespérer de l'avenir, de pressentir
une existence plus libre, d'abandonner doucement des
jours entraînés vers l'oubli, et d'entrevoir sans terreur,
en approchant du terme de nos songes, les mystères du
réveil. »

La morale entendue ainsi embrasse tous les ordres de
sentiment et s'étend aux plus hautes sphères de la
pensée. Elle conduit aussi à l'effusion religieuse, et le
philosophe a bien marqué le lien qui unit le devoir à
l'espérance et à la foi en disant : « La religion est la
morale dans l'infini. » Cet état d'âme dégagé de toute
polémique, vainqueur de toute épreuve, supérieur à
toute vaine tentation, Senancour l'a manifesté dans bien
des pages de son livre préféré, et si je cherchais simple-

ment la délectation littéraire, je n'aurais que l'embarras du choix ; mais je n'hésite point et je m'arrête dans les *Méditations* à ces lignes si nobles et si touchantes en leur sévérité attendrie. Pour donner un cours plus libre à son sentiment, l'auteur s'efface devant le solitaire du rocher Saint-Germain, et le fait parler ainsi :

« Je ne puis comprendre qu'il soit si facile d'oublier l'harmonie de l'univers, et que, dans l'oisiveté d'un salon, dans un cabinet consacré aux fantaisies des beaux-arts, on perde tout souvenir de l'étendue qui nous enveloppe, ou de la force qui pénètre et qui modifie toutes choses. Singulière inadvertance des hommes ! Ils se plaignent de l'ennui de leurs jours, mais l'Océan soulève ses flots, mais le soleil luit et les fleurs s'ouvrent, et la continuelle vie du monde nous est donnée en spectacle ! Inépuisable circulation des eaux, secrète beauté de l'herbe du désert ! vous dites éloquemment, vous dites sans cesse que la fin de l'homme n'est pas dans un rôle dont quelques applaudissements deviennent le plus noble terme, et que l'étincelle divine ne doit jamais être étouffée dans les ténèbres de nos tristes usages, de nos basses jalousies, de nos inutiles sollicitudes. »

Parvenu à cette hauteur, l'homme religieux peut assurément monter encore. Sa foi peut devenir plus positive, sa croyance plus ferme. Mais sans avoir la prétention d'assigner des rangs dans la hiérarchie spirituelle, nous pouvons, en mesurant le chemin parcouru par Senancour et dont nous avons signalé les étapes essentielles, reconnaître l'incontestable progrès qui donne à son évolution philosophique une signification si particulière et tant d'intérêt. A coup sûr, s'il n'était pas dans les régions absolument sereines, il en approchait beaucoup, et, dans tous les cas, il était bien loin

d'*Oberman*, le penseur qui pouvait dire de lui-même :
« Je n'ai point de chagrins sans consolations ; l'état le
plus habituel de mon âme est un paisible renoncement,
une espérance indéfinie, un doute favorable, une tristesse heureuse. »

CHAPITRE XI

———

Une notoriété honorable et limitée, après trente ans
de travaux ininterrompus : tel était le lot — en somme
assez maigre — de l'écrivain qui avait produit *Oberman*,
l'*Amour* et *Les Libres Méditations*. La célébrité lui arriva
d'une manière soudaine, non pas telle qu'il l'eût désirée,
non pas dans l'ordre de sentiments et d'idées qu'il eût
souhaité, mais solide et, malgré bien des éclipses et
des sommeils, indéfiniment susceptible de réveils légi-
times et glorieux. Ce fut par cet *Oberman*, dont sa
pensée chaque jour s'écartait davantage, et qu'il avait
même songé à faire disparaître, que lui vint cette tardive renommée. L'ouvrage abandonné de son auteur
l'était aussi par les libraires. Un des personnages de
Balzac signale cet ouvrage comme le type du « rossi-
gnol » en librairie, comme le « parangon » des ouvrages
qu'on respecte, mais auxquels on ne touche pas. Ce fut
peut-être sur les quais que Jean-Jacques Ampère, cet esprit aimable, curieux et délicat, découvrit l'édition, alors
unique, d'*Oberman*. Enthousiaste de nature et commu-
nicatif, Ampère ne voulut pas garder pour lui sa découverte. Il en fit part au petit groupe d'amis avec lesquels

il vivait dans une étroite intimité et qui comptait parmi
ses membres Jules Bastide, plus tard rédacteur en chef
du *National* et ministre des affaires étrangères en 1848,
Albert Stapfer, l'un des premiers traducteurs français
de Gœthe, et Auguste Sautelet, l'éditeur qui devait finir
d'une façon si tragique.

Sainte-Beuve, dans ses *Portraits contemporains*, a
très bien parlé de cette première faveur témoignée à
Senancour, et il serait superflu d'y revenir après lui.
Mais comment lui-même, Sainte-Beuve, avait-il connu
Oberman ? Je sais qu'il fut toujours un formidable li-
seur, un fureteur d'une curiosité infatigable. J'incline à
croire cependant que l'initiation lui vint d'Ampère, à
moins qu'elle ne lui soit arrivée par l'intermédiaire de
Charles Nodier, l'un de ceux qui n'avaient pas attendu
cette sorte de renaissance pour reconnaître et saluer
dans Oberman un ami, presque un frère.

L'affinité se déclara promptement et le critique, se
souvenant de *Joseph Delorme*, donna dans les *Portraits*,
en 1832, un premier coup de cloche, qu'il devait renouveler l'année suivante dans une préface demeurée fameuse parmi les lettrés [1]. Dès avant cela, un sourd
travail d'opinion, nuancé de vif intérêt, s'opérait chez
des esprits bien différents. Alphonse Rabbe, qui devait
connaître Senancour par leur collaboration en biographie, Boisjolin, et Ballanche rendaient visite à l'écrivain
dans sa modeste demeure, rue de la Cerisaie. Détail
plus significatif encore et qu'on n'a pas assez remarqué,
Pierre Leroux, dans le *Discours aux artistes*, inséré en

---

[1] La réimpression de 1833 avait été préparée par M. de Boisjolin,
l'éditeur bienveillant et lettré qui avait déjà réimprimé l'*Amour* et
les *Libres méditations*. Boisjolin fut emporté en 1832 par le cho-
léra, et l'*Oberman* qu'il avait préparé parut l'année suivante chez
Abel Ledoux.

1831, à la *Revue encyclopédique*, nomme familièrement Senancour, le Senancour d'*Oberman*, parmi les grands écrivains byroniens du siècle, en compagnie de Gœthe (*Werther* et *Faust*), de Chateaubriand (*René*), de Benjamin Constant (*Adolphe*), de Sainte-Beuve (*Joseph Delorme*). Ce nom, il devait le ramener encore dans les *Considérations sur la poésie de notre époque*, qui forment à sa belle traduction de *Werther* une magnifique et toujours jeune introduction. A la même époque une évocation d'Oberman se trouvait également sous la plume de George Sand, en train de composer la *première Lélia*. On sait combien le célèbre romancier est resté fidèle à cette admiration de jeunesse et comment, dix ans plus tard, il devait, dans une préface en tête de l'édition Charpentier, rendre à Senancour un éloquent et suprême témoignage.

Voilà bien des noms, bien des hommages sympathiques et des éloges venus des divers points de l'horizon moral. Pourquoi tant de faveur après tant de dédain? Pourquoi tant d'empressement après tant d'oubli? L'œuvre avait-elle donc changé? Et si ce n'était l'œuvre, était-ce le public? Comment ce que n'avaient pu voir les hommes de 1804 devenait-il si éclatant et si manifeste pour les jeunes écrivains de 1830? C'est ce qu'il est intéressant d'observer, et cela nous fournira des lumières non seulement sur l'ouvrage et sur l'auteur, mais aussi sur les changements qui en un certain laps de temps peuvent s'opérer dans les âmes humaines.

J'ai donné au chapitre II de ce volume une analyse et une appréciation d'*Oberman* pris en soi, selon la conception que j'attribue à l'écrivain et qui m'apparaît comme donnant le véritable esprit du livre. Ce n'est pas là-dessus que j'ai à revenir, mais bien sur un point

que je me réservais de développer plus tard, sur ce
qu'on peut appeler l'art de Senancour.

Il est incontestable que cet art ne frappa nullement
les contemporains. Ainsi s'explique le silence de la critique sur *Oberman*, le mutisme dédaigneux de Marie-Joseph Chénier dans son *Tableau de la littérature française*. Un préjugé s'établit contre cet ouvrage au point
de vue littéraire : on le dédaigna pour son manque de
composition. Ce qui est curieux, c'est que les admirateurs, quand ils vinrent à Senancour, méconnurent cet
art et le nièrent, tout en subissant son prestige. Il fut
admis *a priori* que l'on ne saurait voir un livre dans
Oberman. Ce sont de belles pages, mais mal attachées et
trop indépendantes les unes des autres. Paul Foucher,
l'un des premiers, l'écrira dans le *Rénovateur* ; Vinet, qui
est une plus grande autorité, le redira ; George Sand
même n'ose en disconvenir. Eh bien, cela est tout à fait
inexact. Cette critique, qui pourrait s'appliquer à
l'*Amour*, dont la composition n'apparaît pas nettement
au milieu des remaniements qu'il a subis, ne porte pas
sur *Oberman*, qui offre la seule unité que puisse comporter un livre de ce genre, l'unité d'âme. C'est une individualité, trop stricte, ont dit quelques-uns, bien
nette du moins et toujours égale à elle-même jusque
dans ses changements. Une individualité tantôt en harmonie, tantôt en discordance, mais toujours en communication avec la nature, voilà *Oberman* au point de
vue de la psychologie et de l'art.

Rappelons-nous ce passage d'une Note à l'Académie,
citée dans le chapitre précédent : « Ce qui est descriptif dans mes divers écrits a cela de particulier que les
résultats en appartiennent à la connaissance du cœur
humain et des rapports établis entre nos mouvements
intérieurs et l'aspect de la nature. » Telle est l'esthéti-

que de Senancour. De là lui est venu ce charme péné-
trant, cette prise qu'il a sur les âmes, cette action qu'il
peut perdre à certaines époques, mais qu'il finira toujours par ressaisir.

« Cela de particulier, » écrit-il, et bien qu'il ne soit
pas d'humeur ni d'habitude à se faire valoir, peut-être
ici commet-il une véritable erreur. Cette tendance à
mêler la nature aux sentiments de l'âme est la marque
distinctive des écrivains éminents au commencement
du xix° siècle, et déjà même à la fin du xviii°. Elle se
manifeste chez Jean-Jacques Rousseau, s'accentue chez
Bernardin de Saint-Pierre. On la verra se développer
et s'étendre dans *Werther*, dans *Atala* et *René* en même
temps que dans *Oberman*. Le talent est là chez les uns
et chez les autres, mais non pas l'originalité tranchée
et unique, constituant une supériorité à part.

Mais voici ce qui est vrai, ce que nul contemporain
n'a vu, ce que nul historien littéraire, ni le très péné-
trant Vinet, ni le très subtil Sainte-Beuve n'ont signalé.
C'est que dans l'espace qui s'est écoulé entre 1800 et
1830, le goût public s'est profondément modifié sous
l'action de quelques-uns des écrivains que je viens de
nommer, non pas toutefois immédiatement à leur avantage. En un mot, et je ne sache pas que cela ait été
dit encore, *Werther* et *René* (je les mets ici à part dans
l'œuvre de Goethe et de Chateaubriand) n'eurent leur
réel, leur définitif succès et, si l'on me passe cette parole, leur consécration, que vers 1830. Sans doute, à
l'époque de leur apparition, ils avaient pu provoquer
certaines admirations, obtenir certains suffrages, mais
qu'étaient-ce en vérité que ces deux opuscules noyés
dans le *Génie du christianisme* ou perdus dans l'ombre de *Goetz* et de *Faust!* Ils bénéficièrent, auprès du
public, du goût qu'ils avaient su lui inspirer, et *Ober-*

man en bénéficia avec eux. Ajoutons, pour être juste
envers tout le monde, que dans l'intervalle un écrivain
de génie s'était révélé, l'auteur de *Manfred*. Byron
n'avait pas peu contribué à modifier l'impulsion générale des esprits. Il en arriva donc pour Senancour
comme pour ses illustres contemporains, avec cette
différence que l'évocation fut plus soudaine et la
transition plus brusque. On le reconnut un peu tardivement comme un membre de la famille, et on lui fit sa
place. Le voilà réintégré dans son cadre et dans son
vrai milieu. Voyons maintenant par quoi il se distin-
guait.

En face de la nature comme vis-à-vis de lui-même,
il est absolument sincère. Il ne prend pas d'attitude
comme Chateaubriand ; il n'exagère pas comme Gœthe.
Un écrivain distingué, M. Édouard Rod, a fait dernière-
ment dans *Werther* — et peut-être avec un peu de ru-
desse — la part de la pose, de l'affectation et de l'artificiel. Il y en a beaucoup certainement, tandis qu'on
n'en saurait trouver aucune parcelle dans *Oberman*.
Quand Senancour s'y montre artiste, il l'est, je ne dirai
pas tout à fait à son insu, ce qui serait inexact, mais
bien souvent à son corps défendant. Aussi, dans cet
ouvrage publié en 1804, on trouverait à peine trois ou
quatre passages démodés. L'époque a bien moins marqué là son empreinte que chez d'autres. *Delphine* et
Corinne ne sont plus lisibles. Le rococo les tue. Le
naturel d'*Oberman* le sauve.

Cet artiste qu'il ne voulait pas être, qu'il s'avisa d'être
un peu plus tard, dans les *Troisièmes Rêveries*, par
exemple, c'est à lui que s'attacha l'enthousiasme des
nouvelles générations. Si l'on en croyait Sainte-Beuve
et, après lui, George Sand, on découperait *Oberman* en
pages choisies et en extraits littéraires, et, pour em-

ployer une expression de la vieille critique, on nous en donnerait *les beautés*. C'est méconnaître le caractère de l'œuvre, lequel est la continuité dans le sincère et le simple. Chaque génération qui entre dans la vie intellectuelle et morale apporte avec soi sa préoccupation, sa prédisposition qu'elle veut à toute force retrouver chez ses écrivains favoris, et si elle ne l'y rencontre pas, elle la leur suppose, elle la leur impose. C'est ainsi que vers 1830, la marotte romantique étant le désespoir artiste, il a fallu que Senancour fût un artiste et un désespéré. Qu'il le voulût ou non, ce n'était pas l'affaire. On le classait, on l'enrôlait, on le baptisait. Vainement eût-il protesté, le succès était à ce prix, et l'empreinte posée par la mode pèse encore sur l'ouvrage chez ceux qui le lisent et surtout chez ceux qui ne le lisent pas.

Les admirateurs romantiques d'*Oberman*, qui l'assimilaient, bon gré, mal gré, à *René* et à *Werther*, ne se rendaient pas compte de deux différences capitales : Gœthe et Chateaubriand ont voulu peindre des passionnés qui se heurtent contre l'impossible et qui s'y brisent, Werther se tue, René disparaît dans je ne sais quelle obscure combinaison; Adolphe lui-même s'éloigne désillusionné, stérilisé et, comme nous dirions, fini. Rien de tel dans *Oberman*. Il n'y a point de drame ni de passion, puisqu'il n'y a qu'un personnage. C'est le poëme de la recherche solitaire, âpre, hautaine, mais nullement tournée à une désespérance volontaire. « Je trouverai ce que je trouverai, le salut ou la perte, peu importe; ce qui est essentiel, c'est de ne s'aveugler sur rien et de rester d'accord avec soi-même. » Voilà tout le livre et voilà tout l'homme. De ce que la question du suicide est agitée, librement d'ailleurs et sans parti pris, comme toutes les autres, on en a conclu un peu témérairement, ce me semble, que le héros et même l'auteur songeaient à cette solution. En fait et pour Senancour, je ne le crois pas. Rien, ni dans ses ouvrages, ni dans ses papiers intimes, n'autorise cette supposition. Comme induction littéraire appliquée au personnage, elle ne me paraît pas mieux fondée. Ce livre n'est pas une descente aux enfers, comme ceux dont nous parlions plus haut, mais au contraire une ascension, je ne dirai pas vers le ciel, mais à travers un purgatoire douloureux, vers les limbes. La conclusion de cet ouvrage réside dans le mot final des *Rêveries* : « La vie n'est qu'un laborieux mouvement d'espérance. »

C'est ce que les romantiques n'ont pas voulu voir. Il leur fallait un Oberman tout d'une pièce ; ils ne lui pardonnent pas de s'être consolé au lieu de s'être tué. Ils auraient désiré que ce livre fût celui que rêvait Sautelet, *le Werther de la vérité* ; conception grandiose d'ailleurs et qu'un Shelley aurait pu réaliser ; certes Sautelet fut le plus logique de tous, puisque n'ayant pu faire l'œuvre, il en mit le dénouement en action.

On a justement admiré le symbolisme de *Werther* : « Chaque lettre, écrit Pierre Leroux, répond à la saison où elle est écrite, tant Werther est abandonné à cette force cachée au sein des éléments. D'abord on le voit au printemps dans de délicieuses campagnes, tout entier au sentiment de la nature. L'amour le prend alors. Le roman dure deux ans, suivant toujours les vicissitudes des saisons ; et Werther, après avoir passé par l'extrême délire en été, s'affaisse avec l'automne, et se tue en hiver. De là toutes ces images du monde extérieur introduites si naturellement dans la peinture des sentiments, qu'on dirait qu'elles ne font avec elles qu'un seul tissu. »

Dans *Oberman*, on chercherait vainement un pareil

symbolisme, mais ce qu'on y trouvera sans peine et ce qui n'était pas fait pour déplaire à des esprits indépendants, c'est la préoccupation sociale dans la pratique et le culte de la solitude. « Si vous aimez les hommes, quittez vos semblables, » dit-il quelque part, et à ce conseil il ajoutera, dans maint endroit de ses ouvrages, le précepte de vivre à la campagne. Il n'a pas couru comme Chateaubriand jusqu'au bord du Meschacebé et il ne revient pas de l'île Bourbon comme Bernardin de Saint-Pierre. Il ne décrit que les lieux où il a fait séjour, Fontainebleau et le Valais. Le Fontainebleau dont il nous parle n'est plus aussi sauvage que celui de 1804. La civilisation y a fait sa trouée, et devant l'artillerie, le génie, bien plus que devant les antiques carriers, les grands arbres ont disparu. Il n'en est pas de même en Suisse. On n'a pas encore trouvé moyen d'abaisser les cimes et de diminuer les montagnes. J'ai vu Villeneuve, Chessel, Aigle, où la plus grande partie d'*Oberman* a été écrite, la vallée des Ormonts, les Diablerets, le Simmenthal, avec ses pics neigeux, et la Lune montant sur la Dent de Morcle. Le romancier a fixé tous ces paysages avec une admirable fidélité. La peinture a été moins heureuse, sauf en ce qui concerne Fontainebleau, où Théodore Rousseau et François Millet ont su comprendre et rendre la poésie des bois. Le mélancolique Paul Huet, ce rénovateur du paysage avec Français, était digne d'avoir lu *Oberman* [1].

Senancour eut encore cette chance (lui qui cependant n'en avait guère) que son livre, trop peu négatif pour les contemporains de ses débuts, se trouva juste dans la mesure et le ton du doute qui convenait à Manfred et

---

[1] Sur Senancour paysagiste, particulièrement à Fontainebleau, voir mes *Mémoires d'une Forêt* (chez Fischbacher).

à *Lélia*. Les polémiques de la Restauration avaient, momentanément du moins, usé le voltairianisme et les voltairiens. Sainte-Beuve, dans les *Consolations*, George Sand, un peu partout, inclinaient vers quelque chose d'indistinct, de vague, qui n'était pas la religion, mais son ombre, si l'on veut, ou son regret, qui pouvait être un instant le blasphème, sans aucune espèce de raisonnement d'ailleurs ou de dialectique. Le doute poétique, lyrique : telle était la note dominante, et à la rigueur, malgré la froideur voulue de l'accent, on la pouvait découvrir ou inventer dans *Oberman*. Et c'est ainsi que le très sincère, le très circonspect auteur fut, au bout de trente ans et sans y entendre malice, bombardé écrivain romantique, philosophe, artiste, et, par-dessus le marché si ces deux mots peuvent s'allier ensemble, incrédule religieux.

Les chrétiens toutefois ne s'y trompèrent pas, et, parmi eux, le plus probe, le plus consciencieux, celui qui voyait haut souvent et profond toujours, Alexandre Vinet. Dans le cours professé à Lausanne en 1844, sur Mme de Staël et Chateaubriand, Vinet, parlant de René, rencontra *Oberman*. Il établit entre les deux ouvrages et les deux types un parallèle qu'il s'efforça de rendre équitable, mais où l'on sent que la secrète passion du croyant se prononce en faveur de René qui se convertira, contre Oberman inconvertissable et irréductible. Ce remarquable parallèle, il faut le lire dans l'ouvrage même [1]. Il est trop long pour que je puisse le transcrire ici. J'en dois néanmoins relever quelques traits essentiels.

« René discute peu, Oberman discute sans cesse. René est mélancolique, Oberman est spéculatif. René a

____
[1] *Études sur la littérature au XIXe siècle* (chez Fischbacher).

des impressions, Oberman a des opinions. L'un est emporté par la passion du vague, l'autre par l'indépendance de la pensée ; il ne veut pas même être lié à sa pensée ; il réclame hautement le droit de se contredire ; il n'y a, selon lui, que les hommes sans sincérité qui ne se contredisent jamais. Dans le vague, ce qu'aime René, c'est l'immensité ; ce que cherche Oberman, c'est la liberté. Tous deux sont épris de la nature, car elle captive les imaginations qu'aucun intérêt n'a fixées ni contenues ; mais Oberman cherche à s'agrandir avec la nature, René s'en laisse enivrer ; l'admiration de l'un est plus contemplative, celle de l'autre est plus tendre. Oberman jouit, René est subjugué. René cherche une âme sympathique au sein de la nature ; *cette force vivante (natura naturans) est le seul dieu d'Oberman qui lui refuse tout autre nom....*

« .... *Obermann* est l'œuvre d'un *homme d'esprit* et *René* celle d'un talent consommé....

« Tous deux sont dangereux, un seul est mauvais : est-ce le mauvais qui est le plus dangereux ? On a pu hésiter avant de répondre. Ceux qui auront la force de *traverser Oberman* arriveront peut-être à des convictions mieux fondées, plus affermies ; mais le plus grand nombre ne le *traverseront pas*, et pour ceux-là il sera funeste. *René*, avec ce divin baume de poésie dont il ruisselle, guérira peut-être quelques-unes des plaies qu'il aura ouvertes. La rêverie, à tout prendre, vaut mieux encore que la sécheresse d'un scepticisme ergoteur. »

Le développement tourne ici à la raillerie, et même à une raillerie lourde, d'assez mauvais goût. Vinet reproche à l'auteur l'ennui que lui a infligé son livre, les « bâillements » qu'il lui a causés, et non seulement l'ennui, mais l'impatience, l'irritation. Il faut en effet

que le critique soit arrivé au comble de la mauvaise
humeur pour écrire les lignes suivantes :

« Je ne fais entrer pour rien dans cet inévitable effet
l'*affreuse saveur d'athéisme* dont tout ce livre est saturé ;
mais c'est pourtant encore un grand défaut. *Nul autre
que Dieu ne peut faire un crime à qui que ce soit de
n'être pas chrétien* [1] ; mais l'irréligion absolue, l'impiété
est un odieux travers. L'athéisme n'est pas mauvais
seulement, il est fort laid, et par conséquent rien n'est
moins littéraire. »

Laissons cette fin de parallèle, qui n'est qu'une mauvaise queue de sermon en un jour de somnolence et
de fatigue. Écartons ce procédé de la comparaison, cher
à l'ancienne critique et dont la nouvelle s'allège chaque
jour. Bornons-nous à deux ou trois points. Traiter Senancour simplement d'*homme d'esprit*, c'est une injustice ; l'accuser de spinozisme, d'impiété, d'athéisme, est
une erreur, et une erreur peu justifiable de la part
d'un critique aussi exercé. Une passion, disais-je tout
à l'heure, laquelle a sans doute sa noblesse, puisque
tout est pur chez les purs, a dicté ce jugement si rigoureux, si absolu : c'est l'impérieux besoin d'une revanche
chrétienne contre un instinct antichrétien. Senancour
n'a jamais accepté le reproche d'athéisme, même s'a-
dressant aux *premières Rêveries ;* nous avons eu à plusieurs reprises occasion de le montrer dans ce volume. Il l'eût encore moins accepté pour *Oberman,* où
le doute est réservé plutôt que négatif. Quant à l'humeur
antichrétienne, il aurait eu plus de peine à s'en défendre, et jamais il ne l'a désavouée entièrement.

Je retrouve le coup d'œil du critique chez Vinet,
quand il dit qu'il faut *traverser Oberman* et que plu-

---

[1] Et que savons-nous s'il lui en fait un crime ?

sieurs peut-être ne le *traverseront pas* [1]. Ce qu'il eût été tout à fait équitable de dire, c'est que l'auteur l'avait traversé et qu'il était arrivé sur un terrain plus lumineux, dans des régions plus sereines. Il n'est que temps de placer ici cette conclusion rassérénée qui se trouve comme cachée dans une des notes des *troisièmes Rêveries.*

« Il n'est pas surprenant que l'on se soit trompé sur quelque différence qui existe entre *Oberman* et le solitaire des *Libres Méditations.* Cette sorte d'inadvertance provient de ce que l'éditeur de l'un et de l'autre n'a pu suivre son idée première, et de la difficulté que plusieurs personnes éprouvent à considérer les notions religieuses fondamentales comme indépendantes *des croyances accidentelles de chaque pays.* Oberman, dit-on, se permet quelques sarcasmes relativement aux objets de la foi. Cela est possible quant aux *superstitions.* A l'égard des idées religieuses plus simples et plus pures, Oberman peut douter, mais assurément sans dédain. Le solitaire des *Libres Méditations* est moins jeune, il est dans toute la force de l'âge. Ayant fait des réflexions qui lui paraissent plus profondes, il doute aussi ; mais il insiste beaucoup plus sur la vraisemblance des idées religieuses auxquelles conduit l'étendue de la pensée. Sans doute Oberman aurait jugé de même un peu plus tard. Supposons que ces deux personnages n'en soient qu'un sous deux noms différents. Après avoir renoncé au *téméraire enseignement des sectes,* il ne trouve d'abord que le doute ; mais ensuite il croit sentir fortement que le monde vrai, le monde caché, est l'expression d'une pensée divine. Telle peut être la marche de l'esprit de l'homme dans

[1] Voir à l'appendice D.

son indépendance. Quant à l'éditeur d'*Oberman* et des *Libres Méditations*, en cas que sa profession de foi devienne nécessaire, il dira ici, comme auteur des *Rêveries*, qu'il s'attache aux idées religieuses, soutien du génie ou du cœur de l'homme, et qu'il les croit vraies, s'il est quelque vérité qui se dévoile à demi pour notre faible intelligence ; mais *on ne le verra pas descendre de ces hauteurs divines jusqu'aux petites croyances dogmatiques des sectes passionnées.* »

Les quelques mots soulignés çà et là me dispensent de commentaire. Les réserves y sont toutes, très convenablement, mais très fermement marquées. Si Vinet a lu ce morceau si rempli de candeur et d'élévation, il y aura senti quelque venin subtil, quelque restriction doucement opiniâtre, et il n'en aura pas encore été content.

Si modeste que fût réellement Senancour et bien plus préoccupé de l'efficacité morale que de l'éclat littéraire, il ne laissa pas d'être touché, flatté des hommages qui lui venaient et que sanctionnaient des noms autorisés. Après s'être défendu d'abord de toute prétention artistique, il finit par se laisser gagner quelque peu. La préoccupation d'art est très sensible dans les *Troisièmes Rêveries*, publiées en 1833. Elles en avaient subi des changements, ces pauvres *Rêveries*, si durement logiques en 1799, si flottantes et si complexes en 1809, et maintenant si bien parées d'images, de beau style et de poésie ! Le jour où, comme je l'espère, on nous donnera un choix des pensées de Senancour, après avoir recueilli dans ses divers ouvrages la substance même du livre, on y pourra joindre, en guise d'anthologie, un certain nombre de pages tirées des *Rêveries* de 1833. On se demandera peut-être quelle différence l'écrivain pouvait établir entre toutes ces *Médi-tations* et toutes ces *Rêveries*, qu'il reprenait, corrigeait, transformait sans cesse. A vrai dire, la nuance est bien délicate, je crois cependant qu'à la fin surtout, il met-tait plus de raisonnement dans les *Méditations* et plus de fantaisie dans les *Rêveries*. A la fin de cette troisième édition, il a placé une sorte d'appendice, dans lequel il expose ses goûts et ses préférences littéraires. On y voit très clairement qu'il n'a jamais été un classique pur, que Bernardin, dont il parle plusieurs fois, et Jean-Jacques, dont il parle trop peu, ont eu sur sa ma-nière d'écrire une influence positive. C'est vers les mo-dernes et même vers les romantiques que son penchant le guiderait, il les trouve seulement trop tranchants et trop excentriques. Il cite, avec complaisance, Lamartine et mentionne Mmes de Staël. A d'autres noms il paie plutôt une dette de reconnaissance qu'un tribut d'ad-miration. Sa facture pourtant s'élargit, sa touche de-vient plus ferme, le charme sévère s'achève et se trans-figure en grandeur. J'en donnerai pour preuve l'admi-rable page sur Prométhée, digne d'être applaudie également des artistes et des philosophes.

« Prométhée est la figure la plus grande, la plus vraie qui ait été admise par les anciens sages. Celle-là du moins fut tracée pour toutes les nations, pour tous les âges, pour la terre instruite et malheureuse. Prométhée est le génie de la science et des arts poétiques, le génie de la civilisation déjà tourmentée de ses songes, de ses merveilles, de ses douleurs. La destinée arrête le témé-raire qu'elle inspira ; elle le jette étonné auprès de la cime aride qu'il voulait gravir, la croyant éclairée d'une plus suave lumière. Sur ces pentes sombres et dévas-tées, chaque fois il verra finir la clarté du jour, et ne verra pas comment elle doit renaître. Contraint, souf-

frant, mais le front élevé, il interroge du regard l'étendue des cieux. Entre la nécessité impénétrable et une
espérance reculée, il peut sourire encore, parce que
les tribus grossières, parce que les plaines et les
nuages sont au-dessous de lui. De ces pesants brouil-
lards sortent des vautours. Un d'eux s'approche, les
serres acharnées et l'œil inexorable. Cependant Prométhée vivra. Durant ses souffrances, les heures, les
années, les générations surviennent et s'oublient. Mais
ensuite, affranchi de la loi présente, le génie aura
vaincu : c'est sa pensée ! Elle le soutient plus haut que
les abîmes où il laisse se perdre par intervalles ce sou-
pir d'une âme forte, cette parole inquiète et courageuse : Peut-être ! Et sans cesse le vautour revient, et
le bruit de son aile livide est la seule réponse qui re-
tentisse dans l'espace ! »

Sur une petite bande de papier que j'ai entre les
mains, je lis cette note manuscrite : « Le morceau de
Prométhée a été fait en dernier, au moment même de
l'impression. » Qu'elle soit improvisée ou non, Senancour dans cette page atteint, comme prosateur et comme
penseur, son plus haut degré de perfection.

CHAPITRE XII

Candidature à l'Académie des Sciences morales (1832-1836).
— Senancour et la Légion d'honneur. — Amitiés de
femmes. — Derniers travaux et suprêmes pensées. —
Mort de Senancour (1846).

Moïse, Lycurgue, Mahomet ou rien, tel était, sous
une forme à demi voilée, le rêve de Senancour. Je dis
le rêve et non pas l'idéal, ce qui est fort différent. Ces
ambitions purement intellectuelles peuvent être sé-
rieuses; elles ne seront jamais dangereuses. Législateur de peuples, conducteur de nations ou solitaire dans
les rochers de Belle-Croix, si l'on pose ainsi la question, elle est déjà résolue. Quant à l'idéal de Senancour,
il consistait surtout dans la diffusion des notions religieuses pures, des idées morales élevées, saines, appli-
cables. L'efficacité, tel était le premier et le dernier
mot de ses conceptions. Il avait la vocation d'un apôtre
et le tempérament d'un ermite. La seule distinction qui
lui pût apparaître comme souhaitable devait être nécessairement celle qui sanctionnerait ses efforts et justi-
fierait ses intentions. Aussi, lorsqu'il fut question, en
réorganisant l'Institut, d'y créer une Académie des
Sciences morales et politiques, l'auteur des *Libres Méditations* estima-t-il que c'était là « sa droite balle, »
comme dit Montaigne.

M. Guizot, alors ministre de l'instruction publique, au tome troisième de ses *Mémoires*, a donné sur ce rétablissement de la classe des sciences morales et politiques, fondée en 1795 par la Convention, et supprimée en 1803 par le Premier Consul, des détails fort intéressants. Le 24 octobre 1832, le comte Rœderer, chargé de consulter les anciens membres de cette classe, écrivait au ministre :

« Les membres estiment que cette classe pourrait être bornée à trente membres, et recevoir le titre d'*Académie des Sciences morales et politiques*.

« Ils regardent comme une conséquence de la réintégration de la classe celle de tous les membres qui en subsistent encore, et de plus celle de deux membres qui n'étaient qu'associés lors de la dissolution, mais qui ont reçu depuis le caractère électoral dans une des classes subsistantes.

« Ils croient convenable d'adjoindre quatre membres pour élire les quinze autres qui feront le complément de l'Académie ; mais ils estiment que cette adjonction doit se faire par voie d'*élection régulière*, et qu'aucune élection ne peut avoir de régularité qu'après l'émission de l'ordonnance de rétablissement. »

Le 26 octobre 1832, l'ordonnance royale était rendue, et le 4 janvier 1833, M. Rœderer ouvrait les séances de l'Académie, définitivement constituée, « par un discours plein d'une satisfaction joyeuse et d'une espérance un peu vaniteuse dans l'influence de la philosophie, caractère persévérant de la brillante et forte génération à laquelle il appartenait. »

Comme on le voit, il n'y avait pas eu de temps à perdre, et, par extraordinaire, Senancour n'en avait pas perdu. Le 4 décembre 1832, il adressait au président de la future Académie une Note détaillée sur les ou-

vrages qui constituaient ses titres. En tête de cette
Note, on lisait ces quelques lignes :

« De longues années d'absence et un constant éloi-
gnement pour les soins indirects propres à hâter la célébrité, rendent plus nécessaires à M. de Senancour
quelques détails sur des ouvrages composés bien moins
en vue d'un rapide succès que dans des fins morales. »

Je passe les détails connus, et je note simplement la
phrase sur *Oberman* : « écrit philosophique et, par
lettres (en 2 vol.), n'a été imprimé qu'une fois, parce
qu'on en a employé plusieurs pages ailleurs; mais il a
été corrigé depuis. »

Le résumé se terminait par cette brève mention :

« Sous le rapport politique, le même auteur n'a pu
rester étranger à la lutte des principes de 1804 à 1830.
Il a gardé en manuscrit des morceaux préparés sur ces
matières ; mais il a pris part habituellement à la rédaction du *Constitutionnel*. Dans la *Revue encyclopédique*,
dans le *Mercure du XIXe siècle*, dans la *Biographie universelle des contemporains*, etc., etc., les articles, plus
variés, se sont assez généralement attachés aux mêmes
vues. »

Le scrupuleux candidat, non content de ces explications sommaires, avait ajouté un *post-scriptum* dans
lequel il s'efforçait de dessiner nettement sa ligne religieuse et philosophique. Ce *post-scriptum* se compli-
quait ensuite d'*Observations soumises à l'Académie des
Sciences morales*, par M. de Senancour : « Je ne voudrais, y disait-il, ni être approuvé par erreur, ni, d'un
autre côté, être soupçonné de tendances secrètes,
d'arrière-pensée d'esprit de parti. J'observe donc, pour
ceux de qui je n'ai pas l'avantage d'être connu, que je
n'insiste qu'en faveur des religions indépendantes de
tout dogme, de tout système sacerdotal. »

C'était prendre bien du soin pour un résultat plus que probablement négatif. En effet, au premier vote qui eut lieu le 29 décembre, Senancour ne fut pas admis, mais il obtint, à ce qu'il paraît, assez de voix pour que ses amis l'encourageassent à se présenter de nouveau. Il le fit presque immédiatement, ainsi que nous le font connaître un billet cité plus haut, adressé à M. Dupin aîné, qui s'intéressait à son succès, et une lettre de l'Académie ainsi conçue :

« Paris, 28 février 1833.

« Le secrétaire provisoire de l'Académie des sciences morales et politiques.

« MONSIEUR,

« L'Académie a reçu, dans sa séance du 23 de ce mois, la lettre que vous lui avez fait l'honneur de lui adresser, à laquelle était jointe la notice de vos travaux.

« Elle me charge de vous prévenir, Monsieur, que, dès la formation de la liste des candidats, votre nom et l'indication de vos travaux ont été inscrits [1].

« MIGNET. »

La seconde épreuve ne fut pas plus heureuse que la première.

Nous ne sommes informé de la troisième et dernière tentative que par la lettre suivante émanée de l'Académie :

« Paris, 16 janvier 1836.

« Le secrétaire perpétuel de l'Académie.

« MONSIEUR,

« J'ai l'honneur de vous informer que l'Académie a

[1] Petit détail à noter, M. Mignet, comme du reste M. de Gérando, écrivait de Senancour par un t.

renvoyé à la section de Morale, chargée de présenter des candidats, la lettre que vous avez adressé (*sic*) à M. le président, par laquelle vous exprimez le désir d'être maintenu sur la liste des personnes qui aspirent à remplacer M. le comte Rœderer.

« Charles Comte. »

Le choix de la section de morale s'arrêta sur l'honorable Charles Lucas, qui a longtemps appartenu à l'Académie.

Il serait bien difficile de déterminer au juste les causes de cet insuccès. On a dit que le souvenir du procès de 1827 avait, en dépit de l'acquittement final, desservi le candidat. Un pareil scrupule chez de vieux idéologues comme Destutt de Tracy, Garat, Daunou, paraît bien invraisemblable. Quelle qu'en fût la cause, il semble qu'à cette époque et dans diverses circonstances une influence hostile ait pesé sur Senancour. En 1841, il fut nommé chevalier de la Légion d'honneur, « à l'occasion du baptême du comte de Paris. » Dans la même promotion, au milieu de noms obscurs, figuraient ceux de Mortimer-Ternaux, de Malgaigne et de l'aliéniste Voisin. Villemain, alors ministre de l'instruction publique, vint lui-même annoncer la bonne nouvelle à Senancour, qu'il trouva dans son jardin de la rue de la Cerisaie, petit parterre planté de jonquilles et qu'un lilas superbe ombrageait. « Malgré cela, disait Senancour, je n'ai jamais reçu la croix. » Un document tout à fait singulier et resté jusqu'à présent inconnu prouve bien cependant que cette nomination fut sérieuse. C'est la lettre qui lui fut adressée par les hommes de peine de la Légion d'honneur. Je donne cette pièce à titre de singularité.

« Monsieur le chevalier,

« Les hommes de peine attachés à la chancellerie de
la Légion d'honneur vous présentent leurs très humbles respects; ils viennent, comme c'est l'usage, pour
avoir l'honneur de vous saluer en votre qualité de Lé-
gionnaire et vous féliciter sur cette nomination, qui est
un hommage sincère rendu à votre mérite littéraire par
notre souverain, digne appréciateur des lumières et
des vertus sociales.

« Ils ont l'honneur d'être avec le plus profond respect,

« Monsieur le chevalier,

« Vos très humbles et très obéissants serviteurs.

« Pour ses camarades,

« Louis. »

On ne voit pas trop quel service les hommes de
peine pouvaient rendre à Senancour, mais ce qui est
hors de doute, c'est que l'art d'extirper les pourboires
était déjà perfectionné.

Un an auparavant, la petite édition Charpentier
d'*Oberman* avait paru avec une éloquente préface de
George Sand. L'auteur se crut obligé d'offrir un dîner
aux principaux écrivains qui avaient parlé de son livre
avec éloges. Philarète Chasles, Sainte-Beuve et George
Sand firent partie des invités. Ceux-ci se réunirent au
restaurant de Joseph II, tenu par Foyot, à l'angle des
rues de Tournon et de Vaugirard. Il y avait fort peu
de temps que Senancour connaissait George Sand. Une
entrevue avait eu lieu à laquelle assistaient Gustave
Planche et Mˡˡᵉ de Senancour. Le pamphlétaire Mire-
court ayant donné de cette entrevue un récit tourné
en caricature, la fille de l'écrivain a dû protester plus
tard.

« La présence inattendue d'un tiers, M. G. Pl. (Gustave Planche), a dû refroidir mon père, qu'un visage nouveau tenait volontiers en suspens. Mais cette disposition au silence fut commune à tous, et l'on ne voit pas pourquoi elle aurait été plus déplacée chez mon père que chez les autres. Sa fille, il est vrai, prononça peu de paroles. Elle était dans l'habitude, qu'elle n'aurait jamais jugée blâmable, de s'effacer devant son père, en présence des personnes qui venaient pour lui particulièrement. Si elle s'était emparée de l'entretien, on n'aurait pas manqué de dire qu'elle avait cherché à se faire remarquer, reproche qu'assurément nul n'est en droit de lui faire. On a conclu de sa réserve qu'elle avait été *intimidée*, ce qui précisément n'est guère vraisemblable. »

Le dîner chez Foyot paraît aussi avoir manqué d'entrain. Sainte-Beuve m'en a parlé plusieurs fois et il insistait sur ce point que M. de Senancour avait l'allure compassée d'un homme de l'ancien régime, arrivé tout récemment de sa province. Le capitaine de Senancour, qui aidait son père à faire les honneurs du festin, n'avait pas conservé non plus de cette réunion un souvenir très agréable.

En dépit de quelques sympathies nouvelles, les unes précieuses comme celle de Ballanche, les autres excentriques comme celle de l'écrivain catholique Madrolle [1], la solitude se faisait peu à peu autour du vieillard. Boisjolin était mort en 1832, Jay s'était retiré en

---

[1] Voici un petit billet que Senancour avait classé parmi les papiers et témoignages à conserver :

« A Monsieur de Senancour,

« Hommage de très sincère considération, de la part d'une personne qui sait apprécier son grand talent, et sa disposition profonde à la philosophie catholique, ce qui déjà lui a fait faire hommage de la *Démonstration de la cour pontificale*.   MADROLLE. »

province. Il n'y avait plus guère d'intimité qu'avec l'excellent et dévoué Ferdinand Denis [1].

Depuis 1834, Senancour ne produisait plus. Un roman très faible, *Isabelle à Clémence*, un article de revue sur *l'athéisme imputé à Voltaire* et surtout un très bon opuscule, rédigé pour la *Bibliothèque populaire de l'instruction*, *Le petit Vocabulaire de simple vérité* : voilà tout ce qu'il lui fut loisible de donner en dehors des préoccupations quotidiennes et des soins d'une santé longtemps robuste, mais qui commençait à s'altérer.

En 1834, une société s'était fondée sous le titre d'*Institut historique*. Je ne sais comment elle se recrutait, par élection ou par désignation. Toujours est-il que le 20 avril 1834, Senancour recevait une lettre commençant par ces mots :

« MONSIEUR,

« J'ai l'honneur de vous annoncer que, par la nature de vos travaux, vous êtes appelé à faire partie de l'*Institut historique* en qualité de membre titulaire de la deuxième classe (*histoire des sciences sociales et philosophiques*). » La lettre était signée Eugène de Monglave. L'auteur des *Méditations*, introduit sans doute par Ballanche et Jouy, se rendit à l'appel qui lui était adressé et fit partie de l'*Institut historique* pendant six ans.

Cette société avait pour président l'auteur, alors célèbre, de l'*Histoire des Croisades*, Michaud. Elle comptait parmi ses fondateurs les deux Ampère, les deux Geoffroy-Saint-Hilaire, Eugène Burnouf, l'abbé Gerbel,

[1] L'aimable Marie Nodier (Mme Mennessier) se souvenait d'avoir vu plusieurs fois Senancour déjeuner à la bibliothèque de l'Arsenal, chez son père, le fidèle admirateur d'*Obermann*.

l'abbé Guillon, Lacordaire, Lamartine, l'abbé de Lamennais, Jules Michelet, maître de conférences à l'École normale, Norvins, Eugène Sue, les peintres Paul Delaroche, Monvoisin, les médecins Andral, Arnal, Bouillaud, les architectes Destouches, Malpièce, le musicien Berton, l'avocat Berryer, etc., etc. Tant d'illustres collaborateurs ne purent donner à l'*Institut historique* ni la vitalité ni le rang auxquels ses fondateurs avaient pensé qu'il serait en droit de prétendre. La société traîna pendant plusieurs années une existence peu brillante et elle s'éteignit sans que personne saluât d'un regret sa disparition. Je ne crois pas que Senancour y ait fait aucune communication. Il s'en retira vers 1840, et à cette époque, le même secrétaire perpétuel, Eugène de Monglave, lui exprima en ces termes les regrets des membres de l'*Institut* :

« Paris, le 16 janvier 40.

« Monsieur et très honorable Collègue,

« J'ai fait part aux membres de votre classe de la résolution où vous êtes de vous séparer de nous, ce qui leur a causé de bien vifs regrets, dont ils m'ont chargé d'être auprès de vous l'interprète. L'*Institut historique*, par cela même qu'il est si juste appréciateur du mérite de chacun de ses membres, s'enorgueillit en effet de vous compter dans ses rangs, et votre démission est sans contredit l'un des actes qui peuvent lui causer le plus de peine. Nous nous étions habitués à l'idée de vous regarder comme devant être perpétuellement des nôtres en retour du mode d'appréciation dont vous êtes si justement l'objet de la part de vos collègues : nous aimons même à nous flatter encore aujourd'hui de l'espoir que votre résolution ne sera pas définitive, et avant de la considérer comme telle, j'ai cru devoir vous faire

part de la peine qu'elle nous cause à tous, persuadé,
comme je me plais à l'être, que vous n'y serez point
indifférent.

« Veuillez, etc.

« Eugène de Monglave. »

Contrairement aux espérances et aux désirs mani-
festés dans cette lettre, Senancour ne revint pas sur
sa résolution. Quels en avaient été les motifs ? Le dossier
où il avait classé les renseignements relatifs à l'*Institut historique* ne contient à cet égard aucune indication.
Fut-il conduit par l'indépendance de ses idées à s'é-
carter d'une société où l'élément ecclésiastique était représenté assez brillamment et qui pouvait avoir des
tendances orthodoxes ? Cela est peu probable, car l'*Institut* fort modeste, trop modeste sans doute, ne paraît
avoir eu jamais des intentions dogmatiques ou des vues
de propagande. Une explication plus simple se pourrait
tirer de l'âge de Senancour. Il avait alors soixante-dix
ans. L'édition d'*Oberman* chez Charpentier venait de
jeter un dernier éclat sur son nom. Ses pensées entièrement tournées vers le problème religieux redoublaient
en lui l'amour de la retraite. Enfin risquerai-je une conjecture terre à terre et qui ne laisse pas que d'être
assez vraisemblable : la cotisation pour chaque membre
de l'*Institut historique* était de vingt francs, ainsi que
l'établit une quittance que j'ai sous les yeux. Or, dans
un petit ménage obligé à la plus extrême parcimonie,
c'est là une somme qui pouvait paraître lourde, une
contribution coûteuse et qui ne rapportait rien.

Senancour a toujours été pauvre, et ce qui a rendu sa
situation plus pénible, c'est que, appartenant à une famille riche, il était destiné à l'être lui-même. Ses parents
furent ruinés par la Révolution et plusieurs héritages

auxquels il avait droit lui manquèrent. Marié de trop bonne heure, père de famille avant d'avoir une situation, il n'arriva jamais à sortir d'une gêne, qui toucha parfois au dénuement. Le mot est de lui. Le mal dont il souffrait est celui dont ont souffert La Bruyère et Vauvenargues, le *res angusta domi* qui étouffe et qui paralyse, l'impuissance à montrer toute sa valeur, à suivre un dessein élevé, généreux, à « remplir sa destinée. » Les notes intimes de Senancour ne sont que trop parlantes à cet égard. Dans ses ouvrages, où il revient plusieurs fois sur la question d'argent, sa discrétion en ce qui le touche personnellement est si grande, qu'il faut une grande familiarité avec sa manière d'être et d'écrire pour deviner ou relever les allusions possibles. C'est ici comme à la chasse, où l'on passe vingt fois près d'un gîte sans se douter de ce qu'il recèle. Combien souvent j'ai lu et relu les *Troisièmes Rêveries !* et voici que maintenant sous cette rubrique vague et inexacte, *Extrait d'une narration inédite*, bien cachée au fond d'une note, je trouve ce passage si éloquemment significatif et si précis dans son impersonnalité :

« Passer dans l'incertitude les années de la jeunesse, et consumer celles de la force dans une contrainte inévitable ; faute de succès renoncer à la simplicité qu'on voudrait toujours, se charger de travaux inutiles, s'attacher à des soins aggravés par le dégoût, et se hâter péniblement vers un but qu'on ne désire pas ; se sacrifier pour des proches qu'on ne rend pas heureux, ou s'abstenir attentivement de se lier avec des personnes qu'on eût beaucoup aimées ; être inquiet auprès de ses connaissances, et froid avec ses amis ; chaque jour parler, agir sans naturel, sans grâce, sans liberté ; constamment sincère, éviter la franchise, avec une âme vraie, et des sentiments élevés, ne montrer ni noblesse,

ni énergie, taire à jamais ses meilleurs desseins, et
n'accomplir les autres que très imparfaitement : cela
s'appelle n'avoir pu conserver une partie de sa fortune. »

On a beaucoup exagéré l'affaiblissement de Senancour
dans ses dernières années. Physiquement il conserva
très tard ses forces. A soixante-huit ans il faisait encore
d'immenses courses pédestres ; au point de vue intellectuel et moral, il s'était concentré dans une seule pensée : la recherche et, si possible, la démonstration de
la Divinité. C'est dans ce sens qu'une dernière fois il re-
mania les *Libres Méditations*. Le manuscrit, auquel il
attachait un extrême intérêt et qui contenait un texte
quasi nouveau à force d'être refondu, lui fut dérobé. Le
chagrin qu'il en éprouva devint l'une des profondes dé-
solations de sa vieillesse [1]. Il ne se découragea point
cependant et se remit à écrire un ouvrage intitulé *De
la Religion éternelle*. C'était sans doute le développement de sa belle pensée : « La religion est la morale
dans l'Infini. » Par une sorte de fatalité, ce manuscrit
non plus n'est pas venu jusqu'à nous. Nous ne sommes point toutefois sans savoir quels étaient dans ses
suprêmes années les sentiments de Senancour.

Sainte-Beuve, au tome premier de son *Chateaubriand*,
a cité des parties très intéressantes d'une lettre adressée
en 1837, par Senancour, à une femme de lettres, aujourd'hui bien oubliée, mais qui ne paraît pas avoir été
sans mérite, Mme Dupin. Cette relation féminine n'est
pas la seule que l'on rencontre dans la vie, pourtant si
discrète et si voilée, de Senancour. Il aimait le commerce
des femmes distinguées, et assurément il a pensé à
quelques-unes de ses amies en écrivant le livre *de
l'Amour*. Il a publié un fragment de la troisième édi-

---

[1] Voir à l'appendice E.

tion dans *Le Livre des femmes*, dont le principal rédacteur était Mᵐᵉ Dufrénoy. Cette femme poète, précurseur des Tastu, des Desbordes-Valmore, des Delphine Gay, des Blanchécotte, a eu son heure de célébrité ; un des plus jolis refrains de Béranger lui est consacré :

> Veille, ma lampe, veille encore,
> Je lis des vers de Dufrénoy.

Le *Petit Voyage romantique* paraissait vers 1823 dans l'*Almanach des Dames*, après une première publication dans l'*Abeille*. C'est là le côté un peu *rococo*, ce que j'appellerai le côté *Phrosine et Mélidor* de ce talent ordinairement si sévère, le côté Boufflers aussi. Nous savons que le chevalier et la marquise furent des premiers, des plus fidèles admirateurs de Senancour, et que le chevalier n'hésita pas à louer l'*Amour*, sans s'arrêter au silence désapprobateur de la presse, à peine rompu par quelques critiques où l'hypocrisie se mêlait à l'aigreur. Nommons aussi, puisque l'occasion s'en présente, un romancier longtemps populaire, Clémence Robert. Elle goûtait fort *Oberman*, et c'est elle qui a décerné à Senancour ce titre : Un roi de l'intelligence.

Il ne paraît pas que le sentiment ait joué un rôle quelconque dans ces relations. On n'en saurait dire autant, assure-t-on, de l'amitié passionnée que voua le philosophe à Mᵐᵉ de Walkenaër, la femme du secrétaire perpétuel des Inscriptions, historien diffus et consciencieux de Sévigné, de La Fontaine et auteur de curieuses recherches sur les Aranéides. Il eut avant Michelet le respect et même une sorte d'affection pour les araignées. Quand on allait lui rendre visite (c'est Mᵐᵉ de Senancour qui me l'a raconté), il n'était pas rare de le trouver en compagnie de quelques-uns de ces intéressants insectes, qu'il avait plus ou moins apprivoisés.

« Ne touchez pas à mes pensionnaires, » s'écriait-il quand il croyait deviner chez les visiteurs un mouvement d'antipathie ou d'hostilité. Cet original avait une femme charmante, de la plus haute distinction morale. On se souvient d'elle encore (par tradition sans doute), à l'Institut. L'ange ou la créature angélique, tels sont les noms qu'on lui donnait volontiers. Il n'y a pas besoin d'ajouter — les personnages étant connus, — que l'affection de Senancour demeura toute platonique. Ce sentiment amena cependant plus d'une complication douloureuse dans l'existence du philosophe.

Quant à Mme Dupin, on peut conjecturer, d'après les termes de la lettre qui lui est adressée, que c'était une personne assez durement éprouvée par les circonstances, et qui demandait à des considérations morales ou religieuses une aide et un appui dans le malheur. La lettre de Senancour, dans sa modestie, dans sa retenue habituelle, n'en a pas moins le caractère de ce que les Anciens appelaient une *consolation*. J'en détache ce qui a trait à la pensée religieuse :

« Si vous avez la prière, c'est un asile ; chez vous elle ne peut être que noble et dégagée de formules.... Je ne sais point de langue commune entre le chétif et l'Infini, entre un de nous qui passons et la Permanence inconnue.... Chacun de nous peut se dire : *Si nous devons vivre après la vie présente, elle n'est rien ; autrement nous ne sommes rien nous-mêmes.* Cela est de nature à affermir de certaines résolutions....

« Au reste, il est une direction particulière que la *prière* pourrait prendre. Il n'est pas de supposition plus naturelle que celle d'intelligences intermédiaires. Dans cette hiérarchie aux millions de degrés, peuvent se trouver, de manière ou d'autre, des génies protecteurs, dont les inspirations.... Que d'affreuses douleurs hu-

maines nous ont été épargnées! D'autres ont été visiblement adoucies. Attribuons cela aux Pouvoirs tuté-
laires, à quelque Génie *gardien* qui règle en partie notre
tâche, cherchant à la proportionner à nos forces. Cela
est mystérieux, sans être impossible, ce semble.... La
sagesse de ces génies serait pour ainsi dire adorable....
Précisément parce que l'abîme entre Dieu et un mortel
ne peut être franchi, notre avenir se conçoit comme
perpétuel, si la mort ne nous éteint pas, si un mortel
est transformable.... »

Il ne s'agit point de discuter ces vues. On fera seulement remarquer qu'elles ne sont pas une solution *in
extremis* inventée par un vieillard maladif pour atténuer
les angoisses ou élargir les perspectives de l'au delà.
Qu'on se reporte aux ouvrages antérieurs de Senancour et l'on pourra se convaincre qu'il a fait de plus en
plus entrer dans ses conceptions la possibilité de com-
munications indéterminées, d'énergies spirituelles ou
fluidiques s'exerçant d'une manière invisible dans le
monde réel. Sa fermeté philosophique est restée jusqu'au dernier moment fidèle à ce « laborieux mouvement d'espérance » qu'il n'a jamais laissé dégénérer
en chimère, et auquel non plus il n'a jamais renoncé.
Le fragment de lettre que nous venons de citer atteste
que l'idée de perpétuité était inhérente à sa pensée ou
plutôt sa pensée même.

Dans la crainte que la vieillesse s'avançant, il ne vînt
à se produire chez lui quelque défaillance nerveuse,
Senancour avait exprimé la volonté qu'aucun ministre
appartenant aux communions officielles ne fût appelé
à son lit de mort [1]. L'auteur de *La Religion éternelle* ne

____

[1] Je tiens ce détail de M. Alvar Tornüdd, dont j'ai cité le nom
dans ma préface. M᷉ᵉˢ et M. de Senancour, que j'ai longuement fré-

voulait s'enfermer dans aucune Église particulière, les
regardant toutes comme des moments successifs de
l'esprit humain dans le temps et dans l'espace. Pour
lui, sa foi était fondée sur cette notion de permanence
qui, selon qu'on l'a remarqué, aurait pu lui servir de
devise : « Celui qui médite sur l'éternité, a-t-il écrit, ne
sera point le jouet du temps. » Lorsque, le 10 janvier 1846, il expira dans une maison de santé, à Saint-
Cloud, la dernière recommandation adressée par lui a
son fils et à l'excellent Ferdinand Denis, fut d'inscrire
sur sa tombe ces paroles qui résumaient toute sa vie
intellectuelle et morale, et qu'on y peut lire encore :
Éternité, sois mon asile.

quentés, ne m'ont jamais, non plus que Ferdinand Denis, rien
affirmé de pareil.

APPENDICES

A

Je donne ici une double bibliographie de Senancour, telle
que je l'ai tracée pour mon propre usage, et afin de ne pas
m'égarer dans les complications. La première est une bibliographie pure et simple. Dans la seconde, j'ai suivi aussi
exactement que possible l'ordre chronologique, de telle
sorte que l'on pût embrasser d'un coup d'œil le labeur intellectuel de l'écrivain. Il n'y a donc pas double emploi; avec
un auteur si méticuleux, on a le devoir de ne rien négliger.

SENANCOUR

Bibliographie.

Premières *Rêveries*, 1799 (un cahier (ou deux), imprimé
en 1798).

2ᵉ édition (fausse), 1802-1803. J'ai cette édition.

2ᵉ édition vraie (nouvelle édition), 1809, déjà des modifications.

3ᵉ édition (1833, 7 octobre), changements considérables.

De l'Amour, in-8°, vers la fin de 1805. La 1ʳᵉ édition de
l'Amour figure au catalogue de la Bibliothèque nationale
sous cette indication R. 2808 10. — La 2ᵉ, R. 2808 10 A. —
2ᵉ de la Tynna vers 1808. — Chez Capelle et Renaud.

3ᵉ édition, Boisjolin, in-18, vers la fin de 1828 ; mon
exemplaire porte la date de 1829.

4ᵉ édition, Ledoux, 1834, 24 et 27 février, 2 volumes. Toutes ces éditions contiennent des modifications importantes.

Oberman, 1ʳᵉ édition, 2 vol. in-8°, nº 1804.

2e édition avec des additions. 2 vol. 1833, 25 mai.
3e édition, Charpentier, 1840 (février).
Libres Méditations, 1 vol. in-8°, Avril 1819.
2e édition, 1830.
3e édition, 1833 ou 1834. 2 vol. in-8°.
Manuscrit retrouvé tout récemment.

Abrégé ou résumé historique des *Traditions morales et religieuses*. La date de la première édition n'est point indiquée sur le titre. D'après le *Dictionnaire historique de la France*, la première est de 1825.

2e édition, 1827. Peu de temps après la première poursuivie judiciairement.

La Chine, 1re édition, 1824.
2e édition, 1825.
République romaine (résumé), 1827.
Empire romain (résumé), 1827.
Brochures politiques.
Juin et juillet 1814.
14 juillet 1815.
De Napoléon.
Simples observations.... par un habitant des Vosges, 1814 [1].

Seconde et dernière lettre d'un habitant des Vosges (1814).

Napoléon Bonaparte, nécrologie, extraite de *l'Abeille*, non mentionnée dans la notice à l'Institut (1821 ou 1822).

Valombré, comédie, 1807.

Isabelle et Clémence (22 juillet 1833), chez Ledoux.

Observations sur le Génie du christianisme, 1816, interdites par la censure. Ne purent être réimprimées en 1825.

Vocabulaire de simple vérité pour la *Bibliothèque populaire*, imprimé en 1833, réimprimé en 1834.

France littéraire. Juin 1834. *De l'athéisme imputé à Voltaire.*

SENANCOUR

Bibliographie par ordre chronologique.

1798-1799. *Rêveries.* 1798 (un cahier ou deux). 1799, 1re édition.

[1] Brochures non mentionnées dans la Notice à l'Institut.

1802-1803. 2e édition, *fausse*.

1804. *Oberman*. 1re édition. 2 vol. in-8°, 1804.

1805. *De l'Amour*, in-8°. Vers la fin de 1805.

Valombré, 1807.

1808. *De l'Amour*. 2e édition, 1808. La Tynna. Capelle et Renaud.

1809. *Rêveries*. 2e édition *vraie* avec des modifications.

1811. Fragment sur l'*Amitié* (*Mercure de France*).

1814. *Juin et juillet*.

— *14 juillet*.

Simples observations par un habitant des Vosges (1814). *Seconde et dernière lettre d'un habitant des Vosges* (1814).

1815. *De Napoléon* (pendant les Cent-jours).

1816. *Observations sur le Génie du christianisme* (1816).

1819. *Libres Méditations* (note sur le divorce).

1821. Article sur Napoléon.

1823. *Almanach des Dames* (*Petit voyage romantique*, déjà publié dans l'*Abeille*). *Le livre des femmes*, rédigé par Mme Dufrénoy et A. Pattu, contenant un morceau tiré en grande partie du manuscrit de l'*Amour* (3e édition en préparation).

1824. *La Chine*, 1re édition.

1825. — 2e édition.

1825. *Traditions morales*, 1re édition.

1827. — 2e édition.

1827. *République romaine*.

1828. *Empire romain*.

1828-1829. *De l'Amour*, 3e édition, fin de 1828 ou 1829 (note augmentée sur le divorce).

1830. *Libres Méditations*, 2e édition.

1833. 25 mai. *Oberman*, 2e édition avec des additions, 2 vol.

1833. *Vocabulaire de simple vérité*. Réimprimé en 1834.

1834. *Libres Méditations*, 1833 ou 1834, 3e édition, 2 vol.

1834. *De l'Amour*, 4e édition. 24 et 27 février. 2 vol. (note sur le divorce).

1834. *De l'athéisme imputé à Voltaire*. (*France littéraire*, juin.)

1840. *Oberman*, 3e édition (Charpentier), février 1840.

B

Ce n'est pas uniquement *le Petit Carême*. Divers sermons
s'y trouvent joints. L'édition est de 1745, rue Saint-Jacques,
chez la veuve Estienne et fils : *A la vertu*, et chez Jean Hé-
rissant, *A Saint-Paul et à Saint-Hilaire*. Le titre porte :
Sermons de M. Massillon, évêque de Clermont, ci-devant
prêtre de l'Oratoire, et l'un des quarante de l'Académie française. Sur la garde du livre, Ferdinand Denis a écrit :

« Ce livre, annoté de la main de Senancour, m'a été
donné par Mlle de Senancour, le 26 mai 1852. »

Ces annotations sont très curieuses à un double point de
vue. D'abord, tous les manques de dialectique de Massillon y sont relevés avec une précision rigoureuse. Les fa-
meuses divisions et subdivisions, dont on a tant loué l'ora-
teur chrétien, sont examinées de près; l'emphase en est
percée à jour et dégonflée. Ce sont surtout les citations bi-
bliques et les allusions quelque peu courtisanesques, que le
commentateur passe au crible. Les autres observations rou-
lent sur la langue. Elles sont de cette extrême justesse gram-
maticale qui touche de près au pointillé. On voit très bien
là quel puriste soigneux était Senancour, et l'on s'explique
combien il devait lui être difficile de s'accoutumer à ses amis
romantiques et à leurs audaces de langage. Avouons-le,
quand on a lu ce commentaire si serré, on est contraint d'en
rabattre beaucoup de l'admiration consacrée pour le style
irréprochable de Massillon. La forme est harmonieuse, mais
molle et semée d'incorrections. Le vide se fait trop sentir, et
ces métaphores qui somment le creux soutiennent mal une
pensée indécise.

C

Il n'y a pas à revenir sur M. Jay pour en faire l'objet
d'une digression. C'était sans doute un homme estimable et
bon, puisque Senancour l'honora d'une amitié constante.
L'Ermite de la Chaussée d'Antin, en collaboration avec
Jouy, lui avait attiré, sous la Restauration, quelques désa-

gréments, et, par contre, lui avait valu une assez vive popularité. Son *Histoire de Richelieu*, bien oubliée aujourd'hui, et bien dépassée, le fit entrer à l'Académie française. On cite volontiers, comme un des meilleurs morceaux sortis de sa plume, l'*Essai sur l'éloquence politique*, placé en tête du tome II des *Discours* du général Foy (chez Moutardier, 1826). Je viens de lire cet *Essai* avec le très réel désir d'y découvrir quelque chose de satisfaisant, mais, malgré toute ma bonne volonté, je n'y ai rencontré qu'une phraséologie vague et des idées banales.

Il n'y a pas non plus grand bien à dire de la *Conversion d'un romantique*, manuscrit de Jacques Delorme, publié par M. A. Jay (Paris, 1830). Cette longue plaisanterie de 431 pages in-octavo, sur lesquelles 349 sont consacrées expressément à la conversion, nous paraît aujourd'hui singulièrement faible et fade. Ce qui nous y pourrait intéresser, c'est de constater que, dès 1830, Sainte-Beuve, quoique fortement contesté, était déjà une puissance, très recherché par ses amis et assez redouté de ses adversaires. Reconnaissons, d'ailleurs, qu'il n'était pas d'humeur très commode. A propos de je ne sais quelle élection ajournée à l'Académie française, sans doute par la résistance des membres du parti classique, Sainte-Beuve écrivait :

« Une poignée d'hommes médiocres et usés, libéraux, à ce qu'on dit, mais obéissant à un triste esprit de rancune littéraire ou philosophique, seraient à la veille de laisser encore une fois *le génie sur le seuil*, pour s'attacher à je ne sais quel candidat *bénin* et *banal* qui fait ses visites depuis quinze ans. » Voici de quelle manière reprend M. Jay : « M. Sainte-Beuve parle des membres de l'Académie qui laissent son *génie au seuil*. Il faut espérer qu'un tel genre de critique aura peu d'imitateurs. »

Plus loin, M. Jay, poussant sa pointe et devenant agressif à son tour, esquisse une caricature du jeune polémiste.

« .... M. Jean Sainte-Barbe, le plus redoutable des critiques : lorsqu'il mord, il emporte la pièce. C'est lui, principalement, qui s'est chargé d'anéantir la littérature classique ; il l'a déjà tuée trois ou quatre fois. Il a prouvé, plus clair que le jour, que Boileau et J.-B. Rousseau n'entendirent rien à l'art des vers ; que Racine avait quelque talent, mais point de génie. Nous le regardons comme un foudre de

guerre. Son admiration pour Ronsard est égale à son antipathie pour Boileau. »

Toutes ces irritations et ces disputes ne nous touchent
plus guère qu'à titre de documents. Le charmant livre de
Sainte-Beuve sur la *Poésie française au XVIe siècle* a résisté et résiste encore parfaitement aux railleries de M. Jay.
Quant à Racine et à Boileau, si ses premiers jugements ont
été un peu excessifs, personne n'en a parlé plus dignement
dans *Port-Royal*, et dans les *Causeries du lundi*. C'est ce
que me faisait observer mon ami Jules Troubat, auquel
j'ai dû pour cette note de précieuses indications.

D

Il ne faudrait pas que la sévérité trop grande de Vinet envers
Senancour nous rendît à notre tour injuste à son égard. Il
était impossible, étant donnés les sentiments religieux du
professeur de Lausanne, que celui-ci pût éprouver autre
chose que de l'antipathie pour *Oberman* et son auteur. Ce
qui est regrettable et ce que je m'explique difficilement,
c'est que Vinet, si consciencieux, si curieux aussi et tellement désireux d'être bien informé, ne se soit pas procuré
les *Libres Méditations* ou les *Troisièmes Rêveries*. Je ne
prétends pas que son christianisme austère, timoré, toujours inquiet, en éveil et en défiance, eût été pleinement
satisfait. Plus d'une restriction l'aurait choqué, plus d'une
pensée consolante, *espérante*, l'aurait réconcilié avec le
philosophe. Il s'est trop cantonné dans la lecture et
dans l'appréciation d'*Oberman*. Bien qu'il ignorât très
probablement les *Observations* sur Chateaubriand et les
Premières Rêveries, son instinct de théologien et de piétiste
lui en faisait subodorer quelques vénéneuses senteurs
dans *Oberman*.

Avait-il lu le livre dès 1833 ou 1834, lorsque paraissaient
dans le *Semeur* les curieuses *Lettres d'un égotiste*, où
l'ouvrage de Senancour et aussi le volume sur l'*Amour*,
récemment réimprimé, donnaient lieu à des remarques très
pénétrantes, aussi impartiales que possible, presque bien-
veillantes, mais où cependant, de temps à autre, le rigo-

risme dogmatique se faisait jour et reprenait sa part? Il y aurait là un intéressant problème à éclaircir. Dans tous les cas, je n'y saurais trop insister, le tort de l'Égotiste, comme celui de Vinet, consiste surtout (et combien d'autres ont suivi leurs traces!) à n'avoir voulu et su juger Senancour que par *Oberman*. C'est pour combattre et redresser cette erreur qu'en grande partie le présent livre a été écrit.

Et je ne quitterai pas Vinet sans proclamer hautement que les *Études sur le XIXᵉ siècle* sont l'une de ses meilleures productions et l'œuvre d'une critique durable. Je ne crains pas de l'avouer, ce Cours de 1844 sur Chateaubriand et Mᵐᵉ de Staël me paraît supérieur à *Chateaubriand et son groupe* de Sainte-Beuve. Il y a moins d'anecdotes, moins de brillant et pas de malice; mais les jugements sont hauts, les analyses sympathiques, les appréciations équitables : c'est de la grande et belle critique.

E

L'histoire de ce manuscrit est bien singulière. Communication en fut donnée par Senancour à un jeune Allemand qui paraissait très enthousiaste et très dévoué. Ce jeune homme lui offrit, puisque les libraires de Paris se faisaient tirer l'oreille, de trouver un éditeur à Berlin. Il partit emportant le manuscrit et, depuis, on n'eut jamais de ses nouvelles. C'était un deuil à faire, et ni Senancour ni les siens n'en prirent aisément leur parti.

Il y a quelques années, M. de Lovenjoul, ce très curieux chercheur et collectionneur, auquel nous devons tant de renseignements bibliographiques sur Balzac, Théophile Gautier, George Sand, Alfred de Musset, avisa M. Alvar Tornüdd, érudit finlandais, qui s'occupe avec une pieuse passion de recherches sur Senancour, qu'un manuscrit inédit des *Libres Méditations* était annoncé et proposé comme mis en vente dans un catalogue du libraire Étienne Charavay. Je ne sais au juste quel prix demanda le libraire, mais il était assez élevé. M. Alvar Tornüdd n'hésita pas. Il écrivit d'Helsingfors à M. Charavay de lui garder le manuscrit, dont il se rendait acquéreur. Quelque temps après, il vint à

Paris et en commença le dépouillement, qui est fort laborieux, à cause de la mauvaise écriture de Senancour, de plus en plus fine et embrouillée à mesure qu'il avançait en âge. Ce sont, à chaque instant, des intercalations, des surcharges, des transpositions. Avant d'utiliser le manuscrit, M. Tornüdd sera certainement contraint de le faire transcrire en entier. Avec lui, j'ai essayé d'en collationner et d'en déchiffrer quelques pages. De ce premier examen, quoique rapide et superficiel, nous avons pu conclure que cette nouvelle édition des *Libres Méditations* inclinait encore davantage vers une sorte de douce et ferme exaltation religieuse. Cela rend d'autant plus regrettable la perte de la *Religion éternelle*. Mais qui sait si quelque jour on ne la retrouvera pas aussi ?

TABLE DES MATIÈRES

BESANÇON. — IMP. ET STÉRÉOT. DE PAUL JACQUIN.